KB081558

브랜드
이슈를
쉽게 읽는
책

브랜드 이슈를 쉽게 읽는 책

1판 1쇄 발행 2023년 9월 1일

지은이 공우상
펴낸이 배충현
펴낸곳 갈라북스
출판등록 2011년 9월 19일(제2015−000098호)
전화 (031)970−9102 / **팩스** (031)970−9103
블로그 blog.naver.galabooks
페이스북 www.facebook.com/bookgala
이메일 galabooks@naver.com

ISBN 979−11−86518−73−1 (03320)

「이 도서의 국립중앙도서관 출판예정도서목록(CIP)은 서지정보유통지원시스템 홈페이지
(http://seoji.nl.go.kr)와 국가자료공동목록시스템(http://www.nl.go.kr/kolisnet)에서 이용하실
수 있습니다.」

* 갈라북스는 다양한 생각과 정보가 담긴 여러분의 소중한 원고와 아이디어를 기다립니다.
−출간 분야: 경제 · 경영 / 인문 · 사회 / 자기계발
−원고 접수: galabooks@naver.com

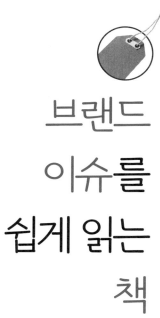

브랜드
이슈를
쉽게 읽는
책

갈라북스

브랜드의 가치

호사유피 인사유명(虎死留皮人死留名). 호랑이는 죽어 가죽을 남기고 사람은 죽어서 이름을 남긴다. 이 성어는 우리가 어떻게 살아가야 하는지, 살아가는 동안 어떠한 가치를 추구해야 하는지에 대한 지침을 준다. 인생에서 명성을 쌓는 삶, 그리고 그러한 명성은 그 사람의 이름을 통해 후세에 전해지게 된다.

기업도 마찬가지이다. 기업에는 CI(Corporate Identity)와 BI(Brand Identity)가 있다. CI는 기업의 전체 이미지, 즉 기업의 철학, 이념, 역할, 비전 등을 포함하는 이름이나 로고를 말하고, BI는 기업이 시장에 내놓는 각각의 제품이나 서비스의 이름이나 로고 등을 의미한다. 기업은 BI나 CI를 통하여 사람들에게 기억되고 전달된다. 즉, 소비자들이 기업이나 그 기업에서 제공하는 제품이나 서비스를 기억할 때 이름이나 로고로 기억하는 것이다. 그리고 그러한 이름이나 로고에 내재된 명성, 신용, 양

질감, 전달력, 등이 모여 브랜드의 가치를 결정하게 된다.

인터브랜드(Interbrand)는 미국 뉴욕에 본사를 둔 세계 최대 규모의 브랜드 컨설팅 회사이다. 매년 전 세계 회사의 브랜드 가치를 평가하여 그 순위를 발표하고 있다. 인터브랜드에 따르면, 2022년 애플의 브랜드 가치가 4,822억 달러, 마이크로소프트는 2,783억 달러로 세계에서 가장 가치있는 브랜드에 이름을 올렸다. 한국의 삼성전자는 글로벌 브랜드 순위에서 876억 달러로 아마존, 구글에 이어 5위에 기록되었다. 2022년 한국 내 브랜드 평가에서는 1위에 삼성전자, 2위에 현대자동차가 랭크되었고 네이버, 기아, SK텔레콤이 뒤를 이었다.

브랜드 가치가 높다는 것은 소비자들이 그 브랜드를 믿고 기꺼이 제품을 구매하거나 서비스를 이용할 확률이 높다는 것을 의미한다. 해당 기업은 시장에서 그만큼 비즈니스를 성공적으로 이끌고 있다는 것이며, 결국 모든 비즈니스는 브랜드의 가치를 키우는 것으로 귀결된다.

이 책에서 상표는 브랜드를 의미한다. 이 책에 소개된 다양한 최신 사례가 이 책을 읽은 독자에게 상표의 중요성 및 상표를 효과적으로 보호받을 수 있는 방법을 익히게 하고, 나아가 상표 가치를 어떻게 키울 수 있을지에 대한 해결책을 찾는데 조금이라도 도움이 되길 바란다.

Rank	Brand	Change	Value
01	Apple	+18%	482,215 $m
02	Microsoft	+32%	278,288 $m
03	Amazon	+10%	274,819 $m
04	Google	+28%	251,751 $m
05	Samsung	+17%	87,689 $m
06	Toyota	+10%	59,757 $m
07	Coca-Cola	0%	57,535 $m
08	Mercedes-Benz	+10%	56,103 $m
09	Disney	+14%	50,325 $m
10	Nike	+18%	50,289 $m
11	McDonald's	+8%	48,647 $m
12	Tesla	+32%	48,002 $m
13	BMW	+11%	46,331 $m
14	Louis Vuitton	+21%	44,508 $m
15	Cisco	+14%	41,298 $m
16	Instagram	+14%	36,516 $m
17	Facebook	-5%	34,538 $m
18	IBM	+3%	34,242 $m
19	Intel	-8%	32,916 $m
20	SAP	+5%	31,497 $m

[전 세계 브랜드 가치 평가. 2022 / 출처_ 인터브랜드_https://interbrand.com/best-brands/]

차 례

서문_ 브랜드의 가치   8

PART 1 사업을 시작한다면… 일단은 · 무조건

01 **쿠팡·티켓몬스터**   16
회사 이름도 상표? 등록해야 하는가?

02 **라온맥주**   23
신상 오비맥주가 조용히 사라진 이유

03 **LX와 LG**   29
같은 이름 다른 회사, 이름 전쟁의 승자는?

04 **JUST DO IT · 난 소중하니까**   35
일반적인 구호 · 슬로건, 상표등록 가능할까?

05 **All I want for Christmas is you**   41
'크리스마스' '산타클로스' 단어 사용 독점적 권리는?

06 **재밌는 상표**   46
이런 것도 상표로 등록 받을 수 있다

07 **신세계와 기아**   51
미래의 상표 선점 전략

08 **삼성과 LG**   56
TV 상표 분쟁… QLED 상표는 누구 손에

09 **20만 vs 935만**   62
압도적인 중국의 상표출원

PART 2 저명할수록 · 알려질수록

10 **유명인의 상표 1**   70
BTS, 신사임당은 상표등록 가능할까?

11 **유명인의 상표 2**   75
'막걸리 한잔' 영탁 상표권은 누구에게

12 **유명인의 상표 3**   81
아이돌 그룹의 상표권은 누가 가져가야 하는가

13 **유명인의 상표 4**   86
H.O.T가 이름을 지킬 수 있었던 이유

14 **유명인의 상표 5**   91
점입가경 '피프티피프티' 분쟁

15 **오랫동안 사랑하지만**   98
BTS의 '보라해' 상표 거절

16 **김어준과 TBS**   102
뉴스공장은 누구의 것

17 **현실과 가상**   107
메타버스와 상표권

18 **나이키**   113
NFT · 가상제품, 상표권 침해금지 소송

PART 3 생활 속의 상표, 그 이면의 이야기

19 **사과 분쟁** 120
스티브 잡스와 비틀즈

20 **애플** 126
'사과' 비슷해도 안 돼?

21 **스타벅스** 131
'세이렌' 로고 컨셉도 양보 못해?

22 **페이스북** 137
'메타' 상표권 독점, '돈'만으로 가능할까?

23 **설화맥주** 142
'세계 판매 1위' 하지만 한국에서는 판매 불가

24 **이재명과 오뚜기** 148
재명이네 슈퍼 사건

25 **치킨과 자동차 그리고 햄버거** 153
제네시스 상표권, 상표등록 끝이 아니다 1

26 **불사용취소심판** 158
쿠팡과 와우맘, 상표등록 끝이 아니다 2

27 **손흥민의 상표** 164
'NOS7' 상표등록 끝이 아니다 3

PART 4 상표에 대한 권리도 아는 만큼

28 **상표 식별력 상실**   172
'젓갈소믈리에'는 누구나 사용해야 한다

29 **핑크퐁 · 까스명수**   178
삼성출판사 · 삼성제약, 삼성전자 관련 기업?

30 **아파트 브랜드**   185
둔촌주공아파트 올림픽파크포레온

31 **Supreme**   191
'슈프림' 드디어 한국에

32 **갈비구이**   196
'해운대 암소갈비집'의 특별한 사정

33 **상표와 디자인 1**   201
버버리 디자인도 상표라고?

34 **상표와 디자인 2**   206
오징어 게임

35 **구제방법**   213
상표권 침해시 무엇을 할 수 있나

36 **우리나라 상표법**   219
더 나은 상표 보호를 위하여

부록 **국내 및 해외 상표출원 절차**   225

PART

1

사업을 시작한다면…
일단은 무조건

01_ 쿠팡 · 티켓몬스터

02_ 라온맥주

03_ LX 와 LG

04_ JUST DO IT · 난 소중하니까

05_ All I want for Christmas is you

06_ 재밌는 상표

07_ 신세계와 기아

08_ 삼성과 LG

09_ 20만 vs 935만

회사 이름도 상표?
등록을 해야 하는가?

2021년 미국에 성공적으로 상장한 '쿠팡'이 중소기업 '퀵팡'의 상표를 빼앗는다는 기사가 크게 이슈된 적 있다.

퀵팡은 2017년 12월부터 운송업 등에 대하여 상표를 사용하여 왔지만, 정작 상표출원은 하지 않고 있었고, 쿠팡은 2019년 12월 '퀵팡' 상표를 먼저 출원하여 등록결정을 받았다.

쿠팡의 '퀵팡'이 상표등록되어 중소기업은 퀵팡에 대한 상표권을 소유할 수 없을 뿐만 아니라 퀵팡에 대한 선사용권이 인정되지 않는다면 해당 상표를 사용하지 못하게 된다. 사업을 시작한다. 무엇부터 준비해야 할까?

이름의 결정

세상의 모든 사물에는 이름이 있고, 사람이 태어나면 이름

□ 등록 Ⓢ [2] 퀵팡

퀵팡

상품분류 : 39
출원(국제등록)번호 : 4020190186233
등록번호 : 4019322030000
출원공고번호 : 4020210008603
도형코드 :
최종권리자 : 퀵팡 주식회사

출원인 : 쿠팡 주식회사
출원(국제등록)일자 : 2019.12.02
등록일자 : 2022.11.08
출원공고일자 : 2021.01.21
대리인 : 양영준 이길상 우종균

퀵팡
퀵서비스부터 화물까지 한번에 1577-5124

[출처_ 특허정보사이트 키프리스]

부터 짓듯이, 일반적으로 사업의 시작도 회사의 이름을 결정하고 시작한다. 일단 회사의 사명이 결정되었다면 다음에는 무엇을 해야할까. 상호등록? 상표등록? 많이 들어는 봤는데 도대체 상호는 무엇이고, 상표는 무엇인가. 충분히 헷갈릴 수 있다. 상표 실무시 가장 많이 듣는 질문 중 하나이기도 하다.

상호와 상표의 개념

상호는 상인이 다른 상인과 구별하기 위하여 영업상 자기를 나타내는 '인적표지'이다. 반면 상표는 자신의 상품과 타인의 상품을 구분하기 위해 사용하는 '물적표지'이다. 쉽게 말해 회사에 이름을 지어 준 것은 상호이고, 회사가 제공하는 제품이나 서비스업에 이름을 지어준 것은 상표이다. 예를들어 설명하면 주식회사 A에서 B 브랜드의 제품을 제조하여 판매하는 경우, 주식회사 A가 상호이고, B가 상표가 된다. 삼성전자의

SAMSUNG

[출처_ 삼성전자 홈페이지]

Galaxy

[출처_ 특허정보사이트 키프리스]

예를 들어보면, 삼성전자에서 갤럭시 핸드폰을 제작하여 판매하는데, 여기서 삼성전자는 다른 핸드폰 회사와 구별되는 주체로서 상호이고, 갤럭시는 다른 핸드폰과 출처를 구별하기 위하여 사용하는 상표가 되는 것이다.

상호는 상법의 적용을 받으며, 상표는 상표법의 적용을 받는 것으로서 각각의 법에 의하여 보호를 받는다.

구분	인적표지_특허청에 등록_엄격한 심사(상품이나 서비스의 식별)	물적표지_등기소_등록 간단(기업 또는 개인의 식별)
문자	문자 뿐만 아니라 도형, 색채, 입체적 형상 등	문자로만 구성
법적 효력	상표법의 적용을 받으며 전국에 효력	상법의 적용을 받으며, 동일 지역 내 동일 업종에 한하여 법적 효력
타인의 사용	동일 유사 상표에 동일 유사 상품을 타인이 사용시 민형사상 조치 가능 7년 이하 징역, 1억원 이하 벌금	동일 지역 다른 업종에 상호 사용이나 다른 지역 동일 업종에 상호 사용시 제재 못함
상표등록 이유	브랜드를 보호하고 강한 독점적인 권리를 확보	

상호는 문자로 표시되고 발음될 수 있어야 하므로, 기호나 도안 등은 상호가 될 수 없다. 신청인의 영업소재지를 관할하는 등기소나 법원에 상호등기신청서를 제출하여 등기할 수 있으며(상법 제34조), 비교적 간단한 절차에 의하여 1~2일의 짧은

기간 안에 등기도 가능하다. 상호는 기업을 표시하는 기능을 가지고 있고, 해당 기업의 신용을 보호할 필요가 있어, 동일 관할지역(특별시, 광역시, 시, 군) 내에 동일업종에 대하여 동일한 상호 등기를 허용하지 않는다(상법 제22조). 나아가 부정한 목적이 있다면 타인의 영업으로 오인할 수 있는 상호의 사용도 금지하게 된다(상법 제23조).

상표는 문자를 포함하여 기호, 도형, 입체적 형상, 색채, 소리, 냄새까지 자신의 상품을 타인의 상품과 구별할 수 있다면 모두 상표로서 가능하다. 한편, 상표는 특허청에 등록을 신청할 수 있는데, 동일하거나 유사한 선행상표가 존재하지는 여부, 상표로서 식별력을 갖추는지 여부 등에 대하여 특허청 심사관의 심사를 통과하여야 한다. 등록까지의 시간도 대략 15개월이 소요될 수 있다(다만, 우선심사제도를 이용하여 등록까지 기간을 3~4개월로 단축할 수 있음). 한편, 상표등록이 되면 특정 지역에 보호범위가 국한되는 것이 아닌 대한민국 전역에서 독점권을 갖게 된다.

상호를 상표등록 받아야 하는가

상호와 상표는 서로 차이가 있지만, 현실적인 사용에 있어서 확실히 구분되지 않을 수 있다. 상호가 비즈니스 주체를 표시하는 명칭으로서의 기능할뿐만 아니라, 제품이나 서비스업을 구분하는 역할도 수행할 수 있어, 상표의 본질적인 기능인 '출처표시기능'과 유사한 기능을 할 수 있기 때문이다. 즉, 상호 또한 상표로서 충분히 기능하는 것이고 이 경우 상표등록이 필요하다고 말할 수 있다.

상표는 대한민국 전역에 독점권이 미치게 되는 것이므로, 상호를 상표로 등록하게 되면 상호의 효력을 전국적으로 확대시켜 전국에서 동일 또는 유사한 상호의 상표적 사용을 금지시킬 수 있게 된다. 또한, 오인·혼동되는 상호를 사용하는 경우와 오인·혼동되는 상표를 사용하는 경우, 벌칙에 있어서도 큰 차이가 난다. 주체를 오인·혼동할 수 있는 상호의 사용은 과태료 200만 원 이하의 벌금이지만, 상표권의 침해는 7년 이하의 징역 또는 1억 원 이하의 벌금이 부과될 수 있다. 상호를 상표등록해야 하는 이유이다.

제품이나 서비스의 상표등록

자신의 제품이나 서비스의 명칭을 상표등록 하지 않았을 때 아래와 같은 리스크에 노출될 수 있다.

1. 타인의 상표등록에 의하여 자기 제품이나 서비스에 해당 상표사용이 금지될 수 있다.

2. 타인이 동일하거나 유사한 제품에 동일하거나 유사한 명칭을 사용하더라도 그 사용을 중지시키는 것이 어렵다.

현재는 쿠팡, 위메프 등과 함께 대한민국 대표적인 소셜커머스 업체가 된 '티몬'도 상표출원을 먼저 진행하지 않아 곤혹을 치룬 사례가 있다.

　　2010년 5월 '티켓몬스터' 이름으로 대대적인 소셜커머스를 런칭하였는데, 바로 직전인 4월에 타인이 티켓몬스터 상표를 출원하여 티몬측은 '티켓몬스터' 상표를 변경해야 할 위기에 처했다.

　　다행히도 먼저 출원된 상표를 인수하면서 사건은 일단락되었지만, 상표 인수하기까지의 투자된 노력과 시간 그리고 비용을 고려해보면, 런칭 전에 상표출원을 했어야 했다.

　　결국 시장에 진출하기 전 제품이나 서비스에 대한 상표등록은 반드시 고려되어야 한다. 물론 모든 상표가 다 등록받을 수 있는 것은 아니지만, 그렇더라도 향후 상표 사용에 대한 리스크가 없는지 점검하고 만약 문제가 될 만한 유사한 상표가 존재한다면 피해가는 방법에 대해서도 미리 준비하는 것이 본격적인 사업 진행 전에 선행되어야 할 것이다.

● **라온맥주**

신상 오비맥주가 조용히 사라진 이유

2021년 여름 수제맥주 바람을 타고 야심차게 출시되었던 OB맥주의 '라온 Wheat Ale'이 조용한 브랜드 리뉴얼을 통해 2022년 1월 '밀구름 Wheat Ale'로 바뀌었다. 중소 수제맥주사인 코리아에프앤티와의 상표권 침해 이슈가 있었기 때문이다. 코리아에프앤티는 '라온맥주'의 상표를 '라온 Wheat Ale'이 출시되기 대략 2달 전인 2021년 5월 18일 상표출원하였고, 7월에 심사관의 심사를 통과하여 등록되었다.

'라온맥주'의 상표가 등록이 됨에 따라 OB맥주 측의 '라온 Wheat Ale'은 '라온맥주'의 상표권을 침해할 가능성이 매우 높다. 상표출원 사실을 뒤늦게 안 OB맥주 측은 2021년 9월 라온 위트 에일의 상표출원이 등록 되면 안 된다는 이유를 특허청에 제기하는 이의신청을 진행하였고, 코리아에프앤티 측도 대기

[출처_ 라온맥주 홈페이지_http://www.raonbeer.com]

업이 악의적으로 상표권의 무력화를 시도한다며 OB맥주를 공정거래위원회에 제소하기도 하였다. OB 맥주 측이 제기한 이의신청에서 '라온맥주'의 등록을 거절할 만한 마땅한 거절이유가 존재하지 않아 OB맥주 측이 졌고, '라온맥주'는 최종 등록되었다.

상표의 유사판단

'라온 Wheat Ale'이 '라온맥주'의 상표권을 침해하기 위해서는 '라온맥주'와 '라온 Wheat Ale'의 상표가 서로 유사하다고 판단되어야 한다. 얼핏보면 서로 다른 상표 아닌가라고 생각될 수 있지만, 이러한 경우 우리 상표법과 법원은 양 상표를 유사하다고 보는 것이 일반적이다.

상표의 유사판단에 있어 대원칙은 전체관찰이지만, 상표에서 요부(要部)로 보일 수 있는 부분, 즉 다른 구성 부분과 상관없이 그 부분만으로 일반 수요자에게 두드러지게 인식되는 독자적인 식별력이 있는 부분은 그 부분만으로 대비할 수 있다. '라온맥주'에서 맥주는 맥주의 보통명사로서 식별력이 없고, '라온'은 맥주에 대하여 독자적인 식별력으로 일반 수요자에게 두드러지게 인식될 수 있다고 볼 것이다.

또한 '라온 Wheat Ale'의 상표에 있어서도, 'Wheat Ale'

은 밀맥주를 의미하는 것으로서 맥주에 대한 식별력이 약하므로 '라온'이 두드러지게 호칭되고 인식될 수 있다. 결국 '라온맥주'와 '라온 Wheat Ale'의 상표는 두드러지게 인식되는 '라온이 서로 동일하여 양 상표는 유사하다'고 판단될 가능성이 매우 높다. 결국 '라온맥주'의 상표가 등록되어 '라온 Wheat Ale'의 사용은 제한될 수 밖에 없다.

우선심사제도

어떻게 라온맥주는 2021년 5월에 출원하고 그해 7월에 출원공고를 받을 정도로 빠르게 심사를 받을 수 있었나. 최근 상표출원의 범람으로 상표의 심사기간이 평균 15개월로 늦추어졌다. 심사관의 심사 후 2개월의 출원공고기간까지 합하면 상표출원부터 등록까지 1년 5개월 이상 소요된다. 지식재산권에 대한 관심과 중요성에 대한 인식의 증가로 상표출원이 급증하고 있지만, 이에 비례하여 심사관의 수는 증가되지 않았다. 한정된 심사관이 증가된 상표출원을 모두 처리하다보니 상표 심사기간이 늦추어질 수밖에 없다.

이 경우 빠른 상표등록을 받고 싶다면 우선심사제도를 이용하면 된다. 우선심사제도를 이용하기 위한 대략 2가지의 우선심사요건이 있다. 그 중 하나가 상표를 현재 제품에 사용하고 있거나 또는 곧 사용예정임을 입증하는 것이다. 다른 하나는 출원된 상표를 제3자가 허락없이 사용하고 있는 것을 입증하는 경우에도 우선심사의 요건에 해당된다.

마지막으로 앞의 2가지 사유 모두 해당되지 않는다면 선행조사기관에 의뢰하는 것이다. 우선심사 요건에 대한 입증과 소정의 수수료를 특허청에 납부하는 것을 통하여 일반적으로 12~15개월이나 소요되었던 심사기간을 1개월 전후로 크게 단축시킬 수 있게 된다. 필자가 우선심사를 적극 추천하는 이유이다.

아무리 강조해도 지나치지 않는 선출원주의

OB맥주 측은 코리아에프엔티가 제소한 공정거래위원회의 심의에서 코리아에프엔티가 상표를 출원한 5월 이전부터 이미 식품의약품안전처와 국세청에 주류 상표 사용 신고서를 제출하는 등 상표 사용을 준비하고 있었다고 주장하였다.

여기서 드는 의구심은 OB맥주 같은 대기업이 미리 상표 사용을 준비하고 있으면서도 상표출원을 준비하지 못한 것은 둘째 치더라도 '어떻게 미리 선행하는 상표의 검색도 하지 않고 사업을 준비하고 제품을 시장에 출시했는가'이다.

특허청에 상표를 출원하게 되면 2~3일 이내 또는 일주일을 전후하여 한국특허정보원에서 제공하는 키프리스(KIPRIS) 사이트에 해당 출원이 공개가 되고, 누구라도 간단히 선행하는 상표를 검색해 볼 수 있다.

　OB맥주는 이러한 기본을 지키지 않아 제품 출시 후 얼마 안돼 강제로 브랜드 리뉴얼을 해야만 했다.

　상표는 선출원주의로서 아주 예외적인 경우를 제외하고는 먼저 사용하거나 준비했다고 하여 권리가 주어지지 않는다. 권리위에 잠자는 자 보호하지 않는 것이다.

　먼저 상표를 출원하고 등록받은 자가 상표권이라는 강력한 독점권을 손에 쥘 수 있다. 결국 제품이나 서비스의 출시를 준비한다면 상표권부터 챙기는 것이 바람직하겠다.

● **LX 와 LG**

같은 이름 다른 회사,
이름 전쟁의 승자는?

03

LX의 이름을 놓고 전쟁이 있었다. LG그룹에서 계열분리하는 구본준 고문의 신설 지주회사가 새 사명을 LX로 예정하자, 이에 영문명이 LX로 일치하는 한국국토정보공사는 상표권 침해 등을 이유로 사명 금지 가처분 신청 등의 강력한 법적 분쟁을 예고한 사건이었다.

LG 측은 2020년 3월 2일부터 3월 11일에 이르기까지 LX, LX 글로벌, LX 하우시스, LX 세미콘, LX 엠엠에이, LX 판토스 등 107건의 상표를 출원했다. 107건 모두에 우선심사를 신청하여 빠르게 등록결정을 받았다.

2019년에는 주식회사 한국테크놀로지와 한국테크놀로지그룹간의 이름 분쟁으로 인하여 한국테크놀리지그룹이 결국 한국테크놀로지그룹 상호를 포기하고 한국앤컴퍼니로 상호를 변경한 사례가 있었다. 이 사례에서는 주식회사 한국테크놀로지의 상호가 국내에서 널리 인식되었다고 판단되었고, 양 회사의

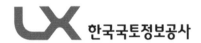

[출처_ 특허정보사이트 키프리스]

30

상호가 '한국테크놀로지'를 포함함으로써 서로 매우 유사하며, 사업영역도 꽤 겹치는 바, 상법 상의 부정한 목적에 의한 상호 사용금지 및 부정경쟁방지법에 의한 부정경쟁행위에 의한 표장 사용 금지가 주요했다.

LX 분쟁에서는 LX를 제외한 상호가 크게 상이한 점, LX의 상호가 널리 인식되었다고 판단되기 어려운 점, LX 하우시스 사업 일부만이 한국국토정보공사의 사업영역과 겹치는 점 등을 고려하면, 상법과 부정경쟁방지법의 적용이 어려울 수 있어, 한국테크놀로지 사례와 결이 다른 상표법 위주의 전개가 예상 되었다.

그렇다면 LG측에서 사용하는 LX 사명 사용이 한국국토정 보공사의 LX 상표권에 의하여 제한되는지 살펴보겠다.

한국국토정보공사와 LG의 이름 분쟁 결과를 예측하기 위 해서는 크게 2가지를 고려해야 한다. 한국국토정보공사의 LX 가 출처로서 기능하는지 여부와 한국국토정보공사와 LG간의 사업영역에 교집합이 존재하는지 여부이다.

우선 상표법에서는 원칙적으로 영어 알파벳 두 글자만의 상표는 간단하고 흔한 표장이라고 하여 식별력을 부정한다. 즉, 영어 알파벳 두 글자는 자신의 상품과 타인의 상품을 구별 하게 하는 능력이 없고, 누구나가 자유롭게 사용할 수 있어야 하기 때문에 상표등록을 불허한다. SK, LG, GS, CJ, KT 등도 원칙적으로는 상표등록 받을 수 없고, 어느 누구도 독점할 수도 없다.

이러한 이유로 이번에 출원된 LG측의 모든 LX 상표에 로고가 결합되어 있다. 로고를 통한 상표권을 우선 확보하고, 이후 사용하면서 LX의 식별력을 획득하기 위한 것이다.

그런데, 이러한 식별력이 없는 표장도 등록 받을 수 있는 경우가 있다. 유명해지면 이야기가 달라진다.

즉, 지속적으로 사용하다 보면 해당 상표가 유명해지고 일반수요자가 해당 상표를 특정인의 출처로 인식하게 되는 것이다. 이 경우 상표등록도 가능하고 독점도 가능해진다.

LX의 경우는 어떨까? 만약 공공기관인 LX가 SK, LG, GS, CJ, KT 등과 같이 저명하게 알려진 정도에 해당된다면, 우선 상표등록이 가능한 것은 자명하다.

저명한 공공기관의 명칭이 되기 때문에 사업 영역 무관하게 타인의 상표등록을 배제할 수 있고(상표법 제34조 제1항 제3호), 나아가 저명한 명칭의 타인 사용 또한 금지될 수 있다(부정경쟁방지 및 영업비밀보호에 관한 법률 제2조 제1호 나목 및 다목). 즉, LX 상표가 저명하다면, LG측의 모든 LX 상표출원이 거절될 것이며, LG측의 상표 사용 또한 제한되는 것이다.

하지만 LX의 인지도는 SK, LG, GS, CJ, KT의 인지도와 비교해보면 상대적으로 꽤 부족해 보인다.

따라서 LX의 상표적 효력이 한국국토정보공사와 무관한 영역까지 확장되기는 어렵다. 다만 2014년 상표법 개정에 의하여 사용에 의한 식별력 취득의 조건이 종래 '현저하게 인식되는 경우'에서, '출처를 표시하는 것으로 식별할 수 있는 경우'로 완화되었고, 해당분야에서 어느 정도 알려졌다면 해당분야에 한하여 상표등록 받을 수 있는 것으로 바뀌었다.

한국국토정보공사의 LX 또한 2012년 대한지적공사(2015년 한국국토정보공사로 바뀜) 시절부터 LX가 포함된 상표를 등록하여 관리해 오고 있으며, 공공기관으로서 지적측량 분야에서 지속적으로 사업을 수행하면서 LX를 알려온 점 등을 고려해보면, LX가 한국국토정보공사의 사업 영역인 측량업, 도시계획업, 지리정보제공업 등에 관하여 출처를 표시하는 것으로 식별할 수 있는 정도에 해당되는 것으로 판단될 가능성이 높다. 이에 따라 한국국토정보공사의 사업 영역에서의 LX의 독점이 가능해 보인다.

결국 LG와 한국국토정보공사는 'LX'사명을 공동사용하기로 뜻을 모았다. LG측의 사업 영역 중 한국국토정보공사의 해당 사업 분야와 동일하거나 유사한 영역에 한하여 LG가 LX의 상표를 사용하지 않는 것으로 상생을 위한 협력에 나서기로 한 것이다.

한국국토정보공사의 LG와의 빠른 상생 결정은 바람직해 보인다. 시간은 공기업인 한국국토정보공사보다 LG라는 대기업의 편이다.

대기업의 엄청난 광고 홍보력을 고려해보면, LG측에서 LX 인지도 끌어올리는 것은 시간문제이고, 실제로 LG는 LX의 빠른 인지도 확보에 성공하였기 때문이다.

일반적인 구호 · 슬로건,
상표등록 가능할까?

04

상표가 등록되기 위해서는 크게 식별력이 존재해야 하며, 나아가 선행하는 동일 또는 유사한 상표도 존재하지 않아야 한다. 선행하는 동일 또는 유사한 상표가 존재한다는 것은 등록받고자 하는 상표의 표장 및 상품과 동일 유사한 범위 내에서, 선출원 중이거나 선출원되어 등록 중인 타인의 상표가 존재하는 것을 의미한다. 이러한 경우 후출원된 상표는 선행하는 상표와 오인 혼동의 염려가 있다는 이유로 상표등록이 불허된다.

상표로서 식별력(Distinctiveness)이란 자기의 상품과 타인의 상품을 구별하게 해주는 힘을 의미하며, 특정인에게 독점배타적인 권리를 주는 것이 공익상 적합한지 여부까지 포함하는 개념으로 사용된다. 이러한 식별력 없는 표장에는 본질적으로 상품의 출처표시기능을 할 수 없는 것 뿐만 아니라, 경쟁업자간의 자유로운 사용을 위하여 또는 특정인에게 독점배타적인 권리를 주는 것이 바람직하지 아니한 경우를 포함한다.

JUST DO IT

[나이키의 등록상표 / 출처_ 특허정보사이트 키프리스]

상표법에서는 식별력 없는 표장을 법 제33조 제1항 각호에서 정하고 있는데, 제1호 보통명칭, 제2호 관용표장, 제3호 성질표시표장 등은 상품과 관련하여 식별력 유무를 판단하고, 제4호 현저한 지리적 명칭, 제5호 흔한 성이나 명칭, 제6호 간단하고 흔한 표장인 경우 등은 상품과 무관하게 특정인에게 독점배타적인 권리를 부여하는 것이 공익상 부당한 경우에 해당되는지 여부로 상표의 식별력을 판단하게 된다.

지정상품과 관련된 상표는 식별력 정도에 따라 보통명칭 표장, 기술적 표장, 암시적 표장, 임의선택 표장, 조어(창작) 표장으로 구분될 수 있다. 여기서 보통명칭 표장이나 기술적 표장은 식별력이 없어 등록이 불허되지만 암시적 표장, 임의선택 표장, 조어 표장 등은 상표등록이 가능하다.

예를 들어, 캔디라는 상품의 상표로 'Candy'는 캔디를 일반적으로 호칭하는 보통명칭 표장, 'Sweet'은 캔디의 맛을 직접적으로 설명하는 기술적 표장으로서 등록이 불가하지만, 'Sweetarts'는 캔디의 속성을 간접적으로 암시하는 것으로서 식별력이 있으며, 'Baby'는 캔디와 무관한 용어를 상표로 선택하여 식별력이 존재하며, '츄파춥스'는 없던 용어를 창작하여 상표로 사용하는 것으로서 식별력이 있고 따라서 캔디라는 상품에 관하여 선행하는 동일 유사한 상표가 없다면 상표등록이 가능한 것이다.

지정상품과 무관하게 특정인이게 상표권을 부여하는 것이 공익상 부당한 경우에 해당되는 것으로서 '서울' '해운대' 등은 현저한 지리적 명칭으로, '김노인' '최박사' 등은 흔한 성이나 명칭으로, 'AB' '가' 등은 간단하고 흔한 표장으로 식별력을 인정하지 않고 있다.

　　그렇다면 '전 소중하니까요' 또는 '우린 소중하잖아요'와 같은 일반적인 구호 또는 슬로건은 어떨까. 이와 관련한 대법원 판례가 있다. 로레알의 'Because I'm worth it!(전 소중하니까요)'는 화장품 광고는 물론이고 광고 역사를 통틀어 가장 유명한 카피 중 하나로 꼽히고 있는데, 이러한 광고 카피를 로레알은 1999년 한국의 특허청에 상표출원하여 등록받았다. 이후 2000년 아모레퍼시픽도 '칼라2중주, 우린 소중하잖아요' 상표를 출원하여 등록받았는데, 로레알 측이 이 상표의 무효소송을 제기했던 것이다.

[출처_ 특허정보사이트 키프리스]

로레알의 '전 소중하니까요' 자체에 식별력이 있게 된다면, 아모레퍼시픽의 '우린 소중하잖아요'와 유사하다고 판단되어 아모레퍼시픽의 상표의 등록이 무효로 소멸할 것이고, 식별력이 없다고 판단된다면 로레알의 상표와 아모레퍼시픽의 상표가 서로 비유사한 상표로서 아모레퍼시픽의 상표가 무효로 소멸되지 않게 된다.

이에 대하여 대법원은 '전 소중하니까요'와 '우린 소중하잖아요' 부분은 상품의 출처를 표기하고 있다기보다는 상품 구매를 권유하는 압축된 설명문으로 인식될 가능성이 높고 공익상 어느 한 사람에게 독점시키는 것 또한 적절하지 않다는 이유로 식별력을 부정함으로써 아모레퍼시픽의 손을 들어줬다.

다만 로레알은 아모레퍼시픽의 상표를 결국 소멸시키는데 성공하는데, 그것은 양 상표가 서로 유사해서가 아니라 아모레퍼시픽이 등록 후 한 번도 제품에 해당 상표를 사용하지 않았기 때문에 불사용취소심판을 통해서 아모레퍼시픽의 상표가 취소된 것이다.

이와 같이 일반적인 구호나 슬로건 등에 관해서는 상표법의 목적이나 취지상 특정인에게 독점배타적인 권리를 부여하는 것이 타당하지 않다는 이유로 상표법 제33조 제1항 제7호에 의거 그 식별력을 부정하면서 상표등록을 불허하고 있다.

□ 무효 [1] 칼라2중주, 우린소중하잖아요   심판

상품분류 : 03
출원(국제등록)번호 : 4020000045708
등록번호 : 4005347950000
출원공고번호 : 4020010047381
도형코드 :
최종권리자 : (주)아모레퍼시픽

출원인 : 주식회사 아모레퍼시픽그룹
출원(국제등록)일자 : 2000.09.29
등록일자 : 2002.11.11
출원공고일자 : 2001.12.07
대리인 : 황교완

[출처_ 특허정보사이트 키프리스]

다만, 일반적인 구호나 슬로건이라고 해서 무조건 식별력을 부정하고, 상표등록을 불허하는 것은 타당치 않아 보인다. 현재는 문자나 로고 상표 이외에도 입체상표, 색채 상표뿐만 아니라 나아가 소리, 냄새 상표 및 그 밖의 시각적으로 인식할 수 없는 상표에 관해서도 상표법에서 상표로 인정하고 있다. 즉, 출처표시기능을 할 수 있다면 형태에 무관하게 상표로 인정되어야 한다는 것이다.

나이키의 'JUST DO IT'은 등록된 상표이다. 따라서 구호나 슬로건이라고 할지라도 출처표시기능을 하면서 다수에 의하여 사용되어야 하는 공익상의 요청이 강하지 않는 이상 상표 사용자의 선택에 따라서 상표등록을 허용해야하는 것이 바람직하다 할 것이다. 그것이 상표 선택의 자유를 보장해야 하는 상표법 기본 취지에 부응하는 것이겠다.

'크리스마스' '산타클로스'
단어 사용 독점적 권리는?

어김없이 크리스마스 시즌은 찾아온다. 크리스마스만 되면 머라이어 캐리의 'All I want for Christmas is you'가 세상에 널리 울려퍼지고, 그녀는 저작권료로 많은 수입을 올리고 있다. 머라이어 캐리의 캐롤처럼, 캐롤이 누군가의 창작에 의하여 저작권이 발생하고 이를 통해 독점이 가능한 것처럼 크리스마스에 가장 많이 언급되는 '크리스마스'나 '산타클로스' 단어 등에 대하여 독점적인 권리는 없을까?

크리스마스나 산타클로스는 누가 창작했는지 알 수도 없고, 알 수 있어도 너무 오래 전에 창작된 것이어서 설령 저작권이 발생했다고 하더라도 현재는 존재하지 않는다. 나아가 우리 법원은 짧은 단어나 문구 등은 독립된 사상이나 감정의 표현이 아니거나 창작성을 인정하기 어렵다는 이유로 저작권을 부정하고 있어, 창작자를 알더라도 크리스마스나 산타클로스에 저작권이 인정되기 어렵다.

저작권은 어렵지만 상표권은 고려해 볼 수 있겠다. 크리스마스와 산타클로스를 상표로 등록하여 독점적인 권리를 가져가는 것이다.

상표란 자기의 상품과 타인의 상품을 식별하여 상품의 출처를 나타내기 위한 모든 표시를 의미하는 것으로서, 크리스마스와 산타클로스를 제품이나 서비스업의 출처표시로 사용할 수 있는 것이다. 예를 들어 식당 이름을 크리스마스로, 의류 브랜드를 산타클로스로 정하여 사용하게 되면 '크리스마스'가 식당, '산타클로스'가 의류의 출처표시로서 기능하게 된다.

다만, 상표로 기능하는 것과 등록될 수 있는 것은 차이가 있다. 상표의 등록은 상표를 선택하고, 선택한 상표를 제품이나 서비스업의 출처로 사용하겠다는 의사를 특허청에 표시함으로써 해당 상표를 독점할 수 있는 것인데, 이 경우 상표법은 경쟁자와의 관계나 공익을 위해서 모든 상표의 등록을 허용하지 않고 일정한 부등록사유를 마련해두고 있다. 즉, 상표로 사용될 수 있는 것과 상표로 등록되어 독점권이 발생하는 것은 서로 다른 것이다.

현재까지 국내 상표출원된 크리스마스의 상표는 모두 거절되었다. 크리스마스가 성탄절로서 예수그리스도의 탄생을 기념하는 날을 의미함으로써, 식별력이 없으며 누구나 널리 사용할 수 있어야 한다는 이유에서이다.

본원서비스표의 "크리스마스"는 "성탄절로서 예수그리스도의 탄생을 기념하는 날"을 의미함으로, 이를 지정서비스업에 사용하는 경우 일반 수요자가 누구의 업무에 관련된 서비스을 표시하는 것인가를 식별할 수 없으므로 상표법 제6조 제1항 제7호에 해당하여 서비스표등록을 받을 수 없습니다. 끝.

* 참고로 타인의 선출원 41-2000-0021564(크리스마스)호 등도 동일한 사유로 거절결정 되었음을 알려 드립니다.

[크리스마스 상표출원에 대한 의견제출통지서 일부 / 출처_ 특허정보사이트 키프리스]

다만, 크리스마스에 다른 문자를 결합하면 등록을 허여(許與)하였다. '그린 크리스마스'나 '화이트 크리스마스' 상표의 경우 모두 등록되었다. 즉, 현재 우리 특허청은 크리스마스 단독의 상표등록은 허락하지 않지만, 다른 단어와 결합된 크리스마스 상표는 등록이 가능하다는 입장이다.

한편 산타클로스의 경우는 좀 다르다. 우리 특허청은 산타클로스만의 상표등록을 허여하고 있다.

크리스마스는 국내 지정 공휴일로서 현실적으로 널리 인식되고 사용되는 날이지만 산타클로스는 실존하지 않는 상상속의 인물이라는 점에서 그 차이를 두고 있는 것으로 추측된다.

산타클로스가 상표등록되었다고 하더라도, 모든 영역에서

☐ 등록 🏛 [1] 산타클로스 　　　　　　　　　　　　　　　　공보

산타클로스	상품분류 : 03	출원인 : (주)아모레퍼시픽
	출원(국제등록)번호 : 4020140044355	출원(국제등록)일자 : 2014.07.02
	등록번호 : 4011107830000	등록일자 : 2015.06.09
	출원공고번호 : 4020150017188	출원공고일자 : 2015.02.24
	도형코드 :	대리인 : 김영철

☐ 등록 🏛 [2] 산타클로스 　　　　　　　　　　　　　　　　공보

산타클로스	상품분류 : 44	출원인 : 정동진
	출원(국제등록)번호 : 4020170015852	출원(국제등록)일자 : 2017.02.07
	등록번호 : 4013022210000	등록일자 : 2017.11.08
	출원공고번호 : 4020170068425	출원공고일자 : 2017.07.06
	도형코드 :	대리인 :

[출처_ 특허정보사이트 키프리스]

산타클로스의 사용이 금지되는 것은 아니다. 타인 상표의 침해가 성립하기 위해서는 상표의 사용이 상표적 사용이어야 하는데, 상표적 사용이라 함은 기본적으로 상표법 제2조의 상표의 사용행위, 즉 상품 또는 상품의 포장에 상표를 표시하는 행위, 상품 또는 상품의 포장에 상표를 표시한 것을 양도 또는 인도 등의 행위, 상품에 관한 광고, 정가표, 거래서류, 그 밖의 수단에 상표를 표시하고 전시하는 행위 등을 포함하며, 이 경우에도 상품에 대한 출처표시로서 일반수요자가 인식할 수 있어야 비로서 상표적 사용에 해당될 수 있다. 즉, 산타클로스를 상품이나 서비스의 출처표시로서 사용하는 것이 금지되는 것이지 그외 일반적인 산타클로스의 사용은 제한되지 않는다.

또한, 상표권으로서 발생되는 독점권은 등록된 상표와 동일 유사한 상표를 등록된 상표의 상품과 동일 유사한 상품에만 미치는 것으로서, 타인이 산타클로스 상표를 등록상표와 비유사한 상품이나 서비스에 이용하는 경우에는 등록된 상표의 침해없이 상표의 사용이 가능하다. 결국, 크리스마스 자체는 독점이 허용되지 않는 자유로운 사용이 가능하다 할 것이고, 산타클로스는 타인이 상표등록해 놓은 일정 영역에서의 상표로서의 사용을 제외한 자유로운 사용이 가능하다 할 것이다.

이런 것도 상표로 등록 받을 수 있다

06

‘표문’ ‘RtA’ ‘네넴띤’ ‘IdH’를 들어본 적이 있는가? 자세히 보아야 보인다. 오래 보아야 그 뜻을 알게 된다. 이 상표들도 그렇다. 위에 언급된 상표들은 모두 한국 특허청에 실제 등록된 상표들이다.

‘표문(상표출원번호 40-2021-0039443호)’은 뉴트로 감성의 곰표 맥주가 인기를 얻자, 막걸리를 마시기 전에 병을 뒤집는 것에 착안하여 ‘곰표’를 거꾸로 뒤집어 새롭게 네이밍 한 것으로서, 브랜드에 반전과 새로운 재미를 더한 상표이다.

‘RTA(상표등록번호 40-1584552호)’는 너구리를 거꾸로 보면 RtA처럼 보여, 이를 상표등록 받은 것이다. 실제 외국에서는 라면 브랜드로 너구리를 대신하여 RtA가 사용되고 있다.

[출처_ 농심몰 https://www.nongshimmall.com]

'네넴띤(상표등록번호 40-1522205호)'은 오른손으로 비비고, 왼손으로도 비빈다는 팔도비빔면의 새로운 브랜드 네임으로서, 띵곡, 댕댕이 등의 소위 '야민정음'이 한창 유행일 때 태어났다. 명곡이 띵곡처럼 읽히고, 멍멍이가 댕댕이처럼 읽힐 수 있는 것에 착안하여 비빔면을 네넴띤으로 표시하고, 실제 네넴띤 제품도 출시하였다.

  'IdH(상표등록번호 40-1423733호)'는 외국인들에게 숙취음료로 '갈아만든 배'가 인기를 얻자 탄생한 브랜드로서, '갈아만드 배'의 '배'가 외국인들에게 'IdH'로 인식되는 것으로부터 과일음료의 상표로 'IdH'를 등록하여 사용하고 있다. 'IdH' 상표는 '갈아만든 배'가 팔리고 있는 미국, 호주, 멕시코, 브라질 등에 실제 상표등록되어 그 권리가 유지되고 있다.

숙취엔 IdH (아이.디.에이치)

용량

CAN 175ml

제품 설명

갈아만든 배의 숙취해소 음료 버젼

국산 배 12%에 숙취해소에 도움을 주는 헛개나무과병추출분말 2,460mg 함유

배

[출처_ 해태htb https://www.htb.co.kr/Product_info/detail.jsp]

이 밖에도 '무너지지마'의 변형된 형태로 사용되었다가, 문어 요리 전문식당의 브랜드로 사용되고 있는 '문어지지마(40-1616201호)', 주점업 등의 상표인 '잔비어스(41-0119698호)', 네일샵운 영업 등의 상표인 '네일바요(40-1471450호)', 와인판매업에 대한 '와인슈타인(40-1441895호)' 등의 재미있는 상표도 특허청에 등록되어 사용되고 있다.

이처럼 상표는 이미 있는 단어 이외에도 종래 단어의 다양한 변형 형태나 새롭게 만든 조어 모두 그 대상이 될 수 있다.

나아가 상표법에서는 문자를 넘어 다양한 소리, 입체적 형상 등도 상표로 보호하고 있다. 상품이나 서비스의 출처를 나타내고 수요자에게 그렇게 인식될 수 있는 것이라면 그 형태를 불문하고 상표로 보호하고자 하는 것이다.

예를 들어, 실제 한국 특허청에는 카카오의 '카톡왔숑', LG전자의 '사랑해요 LG' 효과음, SK텔레콤의 '띵띵띠링띵', 장수돌침대의 '별이 다섯개' 등이 모두 소리상표로서 등록되어 보호받고 있다.

또한, 건물의 내관, 외관 등의 종합적인 이미지도 입체상표로 등록 받을 수 있는데, 다음 도면은 윈 리조트 홀딩스(Wynn Resort Holdings)가 윈 리조트(WYNN PALACE)의 외관을 한국 특허청에 입체상표로 출원하여 등록(40-1434709호) 받은 것이다.

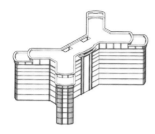

상표는 특허나 디자인과 달리 새로운 기술을 개발하거나 새로운 디자인을 창작할 필요는 없다. 기존에 존재하는 단어나 이의 변형형태, 제품의 출처로 사용하고 인식되고 있는 다양한 소리, 다른 서비스와 구별하게 해주는 건물의 종합적인 이미지 등도 모두 상표로 사용하겠다고 선택하고 이를 상표권으로 등록 받을 수 있는 것이다.

상표로 등록 받을 수 있는 상표라 하더라도 그 선택에 있어서는 신중할 필요가 있다. 등록 받을 수 있는 상표가 곧 의미 있고 가치 있는 상표라고 말할 수는 없기 때문이다. 등록을 받고도 사장되는 무수한 상표가 존재한다. 소비자가 해당 상품의 출처를 쉽게 떠올릴 수 있고 오래 기억할 수 있는지, 그리고 제품이나 서비스의 정체성을 내포하면서도 이에 대한 양질의 이미지를 형성하는지 등을 종합적으로 고려하여 매력적이고 탐나는 상표를 선택하는 일이 중요하다 할 것이다.

미래의 상표 선점 전략

07

2021년 4월 2일. 신세계그룹은 정용진 부회장의 캐릭터로 밀고 있는 JRILLA의 인스타그램 계정을 오픈함과 동시에 JRILLA의 리뉴얼된 캐릭터, 한글 '제이릴라', 영어 'JRILLA' 등의 상표를 다수 출원했다. JRILLA는 정용진 부회장의 이니셜 'J'과 GORILLA의 'RILLA' 합성어로 추측된다.

　　정 부회장은 활발한 인스타그램 활동 등을 통해 대중에게 친근한 이미지를 쌓고 있다. 신세계그룹은 이런 정 부회장의 이미지를 닮은 JRILLA와 SHYRILLA 캐릭터를 개발해 비즈니스에 적극적으로 이용해 왔다.

　　SHYRILLA의 상표는 문방구, 가방, 의류, 침구류, 스마트폰 케이스 등을 커버하며 총 34건 확보됐다. 이 상표는 이마트몰 등을 통해 캐릭터 지식재산권(IP, Intellectual Property)으로 적극 활용되고 있다.

　　리뉴얼된 JRILLA의 캐릭터 또한 36건의 상표출원으로 연

[출처_ 특허정보사이트 키프리스]

결됐다. JRILLA의 상표는 실제 의류, 문방구, 완구, 음료, 고기, 야채, 과자, 식당업 등을 커버하고 있다.

현재 진행 중인 사업과 향후 진행될 사업 영역까지 포함한 다양한 분야에 리뉴얼된 JRILLA 캐릭터 상표를 적극적으로 사용하겠다는 의미를 담는다. 상표출원 시 미래에 대한 상상력이 필요한 이유이다.

리뉴얼된 JRILLA는 이전 JRILLA와 약간의 차이가 있다. 이전 JRILLA가 넥타이 정장 차림에 풍만한 풍채의 회장님 이미지였다면 현재의 JRILLA는 다이어트를 한 듯 건강한 몸매를 가진 대중적인 이미지다. 캐릭터 디자인 업그레이드 및 상표출원 그리고 이를 활용한 마케팅을 통해, JRILLA 캐릭터를 비즈니스를 넘어 기업 이미지 제고에 적극적으로 활용하고 있는 것으로 보인다.

또한 이마트는 2021년 3월 정 부회장의 'YONG'과 천재라는 의미의 영단어 'GENIUS'를 합친 것으로 추정되는 'YONGENIUS' 상표도 18건이나 출원했다.

현재 구체적인 상표의 사용 상태는 보이지 않으나 미래의 어느 시점에는 'YONGENIUS' 관련 새로운 비즈니스가 출현될 것으로 예상된다.

SSG 야구단의 이름도 본격적으로 대중에게 공개 전 상표를 대량 출원하였다. 신세계그룹 이마트가 인천의 SK 와이번스를 인수하면서 SSG의 랜더스 야구단이 탄생했는데, SSG의 야구단 이름이 공개되기 전 이미 여러 추측 기사가 나왔다.

2021년 1월 28일 이마트가 프로야구단 운영업을 포함하는 한글 '일렉트로스' 상표와 영어 'Electros' 상표를 대거 출원하자, 이를 바탕으로 SSG의 야구단 이름이 일렉트로스일 것으로 추측하는 기사들이 등장했다. 이후 이마트 측에서 밝히길 일렉트로스는 야구단의 여러 후보 중 유력한 이름 중 하나였다. 확정되지도 않은 상표에 40건을 미리 출원한 신세계의 상표 사랑을 알 수 있는 대목이다.

이마트는 SSG 야구단의 이름을 'LANDERS'로 확정하고, 관련 상표를 무려 127건이나 출원했다. 중소기업에서는 상상할 수 없는 엄청난 양으로, 대기업이기 때문에 가능할 수 있는 일이기도 하다.

앞선 예는 신세계 그룹의 이야기지만 다른 대기업에도 이런 방식의 전방위적인 상표 선점은 당연하게 진행된다. 2021년

[출처_ 특허정보사이트 키프리스]

초 기아가 발표한 새로운 로고 사례도 있다.

　기아는 2019년 11월 즉, 리뉴얼된 로고를 발표하기 1년 전이미 새로운 로고에 대한 90개의 상표를 출원하고 권리화해 놓은 상태였다. 상품 분류가 45개임을 고려해보면 모든 상품과 모든 서비스업종에 대하여 검정색 로고와 빨간색 로고의 상표권을 확보하고 있는 셈이다.

　이처럼 대기업은 현재 판매 예정된 상품이나 새롭게 출시되는 비즈니스 영역뿐만 아니라, 미래 확장 가능한 영역은 물론 분쟁 가능한 영역까지 미리 예측하고 상표출원을 진행한다.

　중소기업이나 개인이 대기업과 같은 상표전략을 취할 수는 없다. 그렇지만 적어도 본인의 제품이나 사업 영역에 대해서는 상표출원을 우선 진행하고 비즈니스를 전개하는 것은 필요하다. 상표권 확보에 투자되는 비용이 상표권을 확보하지 못해 발생되는 분쟁에 대응하는 비용보다 훨씬 저렴할 뿐만 아니라, 상표권을 미리 확보하였다는 심리적 안정감은 적극적인 비즈니스 전개에 큰 도움이 되기 때문이다.

[출처_ 특허정보사이트 키프리스]

TV 상표분쟁…
QLED 상표는 누구 손에

08

상표가 등록되기 위해서는 상표의 식별력이 있어야 한다. 식별력이란 제품에 부착된 상표를 통해 타사의 제품과 구별될 수 있는 능력을 말한다. 예를 들어, 일반수요자는 자동차에 부착된 제네시스의 마크를 통해 자동차의 출처를 판단할 수 있고, 스마트폰에 새겨진 사과 모양을 통해 애플에서 만든 아이폰임을 알 수 있게 된다. 이때 제네시스 마크나 사과 모양 등의 상표는 그 상표가 부착된 제품에 대하여 각각 식별력이 존재한다고 말할 수 있다.

식별력이 없는 상표의 경우를 살펴본다. 우선 상표 그 자체로 식별력이 없을 수 있다. 서울, 부산, 뉴욕 등은 명칭 자체가 현저한 지리적 명칭에 해당하여 식별력이 없어 해당 상표만의 등록은 어렵다. 한편, K2, SK, LG 등과 같이 영문자 2글자 또는 영문자 1글자 및 숫자 1글자의 조합 등은 너무 간단하여 식별력이 없다. 다만 위의 상표들은 사용에 식별력을 취득할 수도 있다. 사용에 의한 식별력이란 제품에 상표를 부착하여 오랫동안 사용하다 보면 일반수요자들은 해당 제품에 부착된 상표를 통하여 해당 제품의 출처를 알 수 있게 되고, 그런 경우 후발적으로 비로소 식별력이 생성될 수 있는 것을 의미한다. 현재 일반수요자가 제품에 새겨진 K2, SK, LG 등의 표장을 보면 바로 해당 제품의 출처를 알 수 있게 되는 것처럼, 너무 간단하여 태초에 등록이 불가한 상표도 널리 사용하면서 식별력을 취득할 수 있고, 식별력을 취득하면 상표등록이 가능한 것이다.

한편, 상표의 식별력을 따질 때, 해당 상표가 사용되는 상품이 고려되는 경우가 있다. 상표권을 획득하기 위해서는 상표와 상표가 사용될 상품을 지정하여 특허청에 신청하여야 하는데, 상표와 상품의 관계로 인하여 식별력이 부정될 수 있다. 예를들어, 애플을 스마트폰에 사용하면 식별력이 존재하지만, 애플을 사과나 또는 사과를 파는 판매업 등에 사용하면 애플 상표는 식별력이 없게 된다.

TV 등에 대한 QLED 상표도 그렇다. QLED는 양자점(QD, Quantum Dot)이 발광다이오드 (LED)에 결합되어 만들어진 디스플레이 소재로 정의되고 현실적으로도 그러한 의미로 사용되고 있는 점 때문에 QLED는 TV 등에 대하여 식별력이 없다. 이러한 QLED 상표를 갖기 위해 LG전자와 삼성전자 모두 노력했다. 먼저 시작한 것은 LG전자였다. 2014년 12월 주식회사 LG전자는 TV 등에 대하여 QLED 상표권 획득을 위하여 특허청에 상표 신청을 했다. LG전자는 심판, 소송까지 다투며 QLED 상표의 식별력이 존재한다고 주장하였지만, 결국 특허법원은 TV 등에 사용되는 QLED는 식별력이 없음을 이유로 등록을 불허하였다.

[출처_ 특허정보사이트 키프리스]

　　삼성전자 또한 QLED 상표를 등록받기 위한 시도를 여러 번 진행하였지만, 번번히 식별력의 높은 벽에 부딪쳐 상표등록에 실패하였다. 삼성전자는 이미 TV 등의 상표로 'Micro QLED' 'QLED TV' 'QLED 8K' '8K QLED' 상표를 출원했지만 모두 식별력이 부족하다는 이유로 거절되었다. TV 경쟁사인 LG전자에서도 QLED 상표를 사용하고 있기 때문에 QLED 상표를 삼성전자만 쓰도록 허락하는 것이 쉽지는 않겠다.

　　삼성전자는 QLED 상표에 삼성을 함께 병기하거나 도형 등을 추가하여 등록을 받았지만, 이것은 추가된 삼성이나 도형 등에 의하여 식별력을 인정받아 상표등록 된 것이지, QLED의 식별력이 생성되어 상표등록된 것이 아니다. 즉, LG전자 등의 타사가 TV 등에 대하여 QLED를 사용하더라도 제지할 수 없다는 것이다.

　　삼성전자는 TV를 포함한 각종 매체, 삼성관련 직원들의 옷에 새겨진 QLED TV 문구, 자동차를 타고 가다 보면 볼 수 있는 대형 광고판 등에 QLED 광고를 세워 지속적으로 상표 홍보를 이어가고 있다. 이것이 앞서 설명한 후발적으로 식별력을 획득하기 위한 전략이다. 일반수요자에게 삼성전자의 QLED 상표를 계속 노출시킴으로써 TV에 새겨진 QLED 상표를 보면 삼성을 떠올리게 하려는 것이다.

상표출원도 멈추지 않고 있다. QLED의 상표가 거절된 이후에도 2020년 SAMSUNG QLED+, SAMSUNG QLED Z 상표를 출원하였고, 2021년 Neo QLED 상표를 추가 출원하였다. 이처럼 LG전자는 QLED의 상표등록을 위한 시도를 멈춘 반면, 삼성은 끊임없이 QLED 상표권의 획득을 시도하고 있다.

LG전자는 QLED 보다 QNED의 상표권 획득으로 전환한 분위기다. 2020년 9월 7일 LG전자는 TV 등에 대하여 QNED 상표를 먼저 출원하였고, 이후 9월 25일 삼성디스플레이가 TV 등을 지정상품으로 QNED 상표를 뒤따라 출원하였다.

우리나라는 먼저 출원한 자에게 상표권리를 부여하는 선출원주의를 채택하고 있는데, 선출원주의만 고려하면 LG전자가 삼성디스플레이에 앞서고 있다. 다만 QNED도 QLED와 마찬가지로 식별력의 벽을 넘어서야 선출원주의도 의미가 있게 된다.

QNED는 퀀텀을 의미하는 Q(Quantum)와 나노셀(Nanocell)을

의미한다는 N 및 LED의 ED를 조합하여 만든 QNED가 만들어졌다고 한다. 업계에서 관용적으로 QNED를 사용한다거나, 현실적으로 상술한 의미로 사용되는 것이 아니라면 QNED의 상표는 조어상표로 등록가능성은 꽤 높다고 할 것이다.

현재까지 누구도 QLED 및 QNED의 상표권을 독점하고 있지 못하고 있다. 결국 누가 해당 상표권의 주인이 될 것인지, 아니면 누구도 갖지 못할 것인지 바로 상표의 식별력에 달려있다.

- **20만 vs 935만**

압도적인 중국의 상표출원

짐작할 수 있을지 모르겠지만 이런 압도적 숫자의 차이는 바로 한국과 중국의 2020년 상표출원건수이다. 중국 국가지식재산국 2020년 연도보고에 따르면 935만 건을 상표출원하여 사상 최고치를 기록하였다.

2018년 통계는 더욱 놀랍다. 2018년 전 세계에서 출원된 1,100만 건의 상표 중 740만건의 상표가 중국에서 출원된 것이다. 같은 해 미국 64만 건, 일본 50만 건, 유럽연합 40만 건, 한국 20만 건과 비교해보면 중국의 상표출원 건수는 어지러울 정도이다.

중국은 2011년 '국가지식재산권전략강요'를 발표하고 이를 근거로 지식재산권 강화를 위한 노력을 독려하고 있다. 특허출원에서도 2010년 초반 이미 중국은 미국을 초월하였고, 현재까지 다른 나라를 크게 앞서며 지구상에서 가장 많은 특허를 출원하는 나라가 되었다. 중국의 경제 성장 속도에 발맞춰 지적재산권에 대한 욕망도 함께 크게 성장한 것으로 보인다.

하지만 중국의 수많은 상표출원에 브로커들의 상표 무단선점도 상당부분 포함하고 있다. 한국에서 새로운 제품이 발표되거나 혹은 새로운 상표가 특허청에 출원되면 이를 베껴 중국 특허청의 상표출원으로 이어진다.

김광춘이라는 상표 브로커는 한국의 유명 상표들을 선점하

였다가 상표 1개당 500만 원의 비용을 받고 상표권 이전하여 주는 비즈니스로 유명하다. 이러한 무단선점에 중국 내 특허사무소가 적극적으로 개입한다고도 한다. 한국 특허청에 상표를 출원하게 되면 대략 4~5일 이내로 한국 상표 검색 사이트인 키프리스에 그 정보가 공개되는데, 중국의 특허사무소가 이러한 정보를 브로커 등에게 제공하고 중국에서의 상표출원을 진행한다는 것이다.

한국의 '설빙'도 중국 진출 전 '설빙원소'라는 상표를 선점한 중국 업체로 인하여 7년간 힘겨운 분쟁을 해야만 했다. 다행히 2021년 1월 '설빙원소' 상표권이 무효라는 판결을 받고 중국 재진출을 준비하고 있지만, 중국내 상표출원이 늦어진 대가를 톡톡히 치뤄야만 했다.

이러한 일들이 왜 발생하는지 이해하기 위해서는 상표의 속지주의와 선출원주의를 알아야 한다. 속지주의는 상표권은 나라마다 별도로 발생한다는 것이다. 즉 나라마다 별도의 상표출원을 하게 되면, 해당 국가의 특허청이 심사를 하게되고, 심사를 통과하면 그 나라에서만 상표권이 발생하게 된다.

한국에만 상표권이 있고, 중국에 상표권이 없다면 한국에서의 상표권을 중국에서 사용할 수 없는 것이다. 또한 선출원주의는 상표를 먼저 특허청에 출원한 자에게 상표권을 부여하는 제도이다. 상표의 사용보다 상표의 출원을 더 우선하겠다는 것이다. 아무리 사용이 빨랐어도 꽤 유명해지지 않는 한 선출원한 자가 상표권을 획득하는 것이다.

이처럼 속지주의 및 선출원주의 제도 때문에 한국에서 상표등록 되고 꽤 알려진 상표라도 중국에서 상표출원을 진행하지 않으면 중국에서 타인에 의하여 먼저 선점당하는 일이 발생할 수밖에 없다. 중국에 타인이 먼저 상표를 선점하게 되면 훗날 중국 진출시 큰 장벽이 되는 것은 당연하겠다.

중국 정부도 브로커에 의한 상표 무단 선점 행위에 대한 문제점을 인식하고, 심사 개정을 통하여 이를 방지하기 위해 노력하고 있다. 중국 상표법 제44조에서 '기타 부정한 수단으로 상표를 등록하는 행위'에 대한 제재 조항이 존재하고, 2017년 심사심리표준의 개정을 통하여 이러한 기타 부정한 수단으로 상표를 등록하는 행위의 유형을 구체화하였다. 구체화된 내용에 분쟁상표출원인이 다량의 상표를 출원하고, 진실한 사용의사가 현저히 부족한 경우 등을 포함하여 브로커의 무단 선점 행위를 어느정도 방지할 수 있게 되었다.

다만, 중국의 상표 제도를 고려해보면 이러한 조문의 실제 적용은 만만치 않다. 간단히 중국 상표 제도를 살펴보면, 중국 상표출원을 하게 되면 대략 6개월 이내 심사관의 심사의견을 통보받게 된다.

심사관이 거절이유를 발견하면 거절결정을, 거절이유를 발견하지 못했을 때는 출원공고결정을 내린다. 출원공고 결정이 있으면 이후 3개월간의 이의신청기간을 거쳐 등록 단계로 진행된다.

그런데 심사관이 심사단계에서 출원인의 진실한 사용의사를 판단하는 것은 매우 어렵다. 이를 판단하기 위해서는 여러 증거나 정황이 뒷받침되어야 하는데, 심사관이 자의적으로 정보를 수집하고 이를 바탕으로 판단하는 것은 거의 불가능에 가깝다고 할 수 있다.

한편, 한국의 경우 무단선점된 상표가 있다면 정보제공을 통하여 심사관에게 거절이 되어야 하는 사유를 제공할 수 있지만, 중국에는 이러한 제도도 마련되어 있지 않다. 결국, 출원공고를 기다렸다가 이의신청을 제기하거나 등록 후 무효심판으로 다투어야 한다. 분쟁에 소비되어야 할 기간과 비용을 생각하면 답은 정해져 있다.

장래 중국 진출이 예정되어 있거나 잠재적으로 중국 진출을 고려 중이라면, 중국 내 빠른 상표출원이 바람직하다.

　　국내 출원과 동시에 중국 출원도 진행하면 바람직하겠지만, 그렇지 못한 상황이라면 우선권 제도를 활용할 수도 있다. 우선권 제도는 한국에 출원 후 6개월 이내 한국 출원을 기초로 우선권 주장하면서 중국 출원하게 되면 한국의 출원일로 판단시점을 소급받을 수 있는 것이다. 중국에서 무단으로 출원된 상표보다 늦게 출원되어도 우선권을 통해 판단되는 출원일을 앞서게 할 수 있는 것이다.

　　한편, 한국에 출원된 상표 뿐만 아니라 한글이나 영문으로 된 상표를 중국어로 브랜딩하여 함께 상표출원하는 것도 좋다. 중국에서는 스타벅스를 '싱바커', 맥도날드를 '마이땅라오' 등으로 부르기도 하는데, 이렇게 중국어로 네이밍된 상표까지 확보한다면 짝퉁 상표의 진입을 더욱 봉쇄할 수 있을 것이다.

저명할수록 ·
알려질수록

10_ 유명인의 상표 1

11_ 유명인의 상표 2

12_ 유명인의 상표 3

13_ 유명인의 상표 4

14_ 유명인의 상표 5

15_ 오랫동안 사랑하지만

16_ 김어준과 TBS

17_ 현실과 가상

18_ 나이키

● **유명인의 상표 1**

BTS, 신사임당은 상표등록 가능할까?

10

상표법 제34조 제1항 제6호에서는 "저명한 타인의 성명, 명칭 또는 상호, 초상, 서명, 인장, 아호, 예명, 필명 또는 이들의 약칭을 포함하는 상표"를 등록을 받을 수 없는 상표로 규정하고 있다. 이러한 규정은 저명한 타인의 인격권을 보호하기 위한 것으로서 타인의 성명, 명칭 등에 관하여는 인격권의 훼손이 있다고 인정될 정도의 저명성이 필요하다고 할 것이나, 초상의 경우에는 저명성이 없더라도 타인이 이를 함부로 사용시 인격권 훼손이 발생한다고 할 수 있어 저명성의 요건을 완화해야 하며, 서명, 인장, 아호, 예명, 필명이나 약칭 등은 직접적인 것이 아닌 2차적인 것이어서 성명 자체보다는 저명성이 더 요구된다고 할 것이다.

우리 대법원은 '2NE1'의 상표가 저명한 타인의 명칭에 해당한다고 판단하였고, 나아가 쌍용그룹의 '쌍용' 또한 저명한 타인의 상호에 해당한다고 판단하였으며, 'SHARP'가 샤프 가부시키가이샤의 상호의 약칭으로서 저명하다고 판시하여 타인의 상표출원을 거절하였다.

이러한 저명한 성명 등의 상표도 등록이 가능한 경우가 있다. 저명한 타인이 고인이거나, 저명한 타인이 직접 상표를 신청하거나, 또는 저명한 타인이 다른 사람의 상표 신청에 동의를 해주면 가능하다.

김광석

상품분류 : 09
출원(국제등록)번호 : 4020140054777
등록번호 : 4011109440000
출원공고번호 : 4020150028084
도형코드 :
최종권리자 : 서해순

출원인 : 서해순
출원(국제등록)일자 : 2014.08.13
등록일자 : 2015.06.09
출원공고일자 : 2015.03.24
대리인 : 안창우

[출처_ 특허정보사이트 키프리스]

　　'신사임당'은 저명한 타인에 해당하지만 고인이기 때문에 동의없이 타인의 상표등록이 가능하다. 일례로 고인인 '김광석'의 상표는 부인인 서해순씨가 보유하고 있다. 김광석의 부인이기 때문에 김광석 상표권을 보유하고 있는 것이 아니라, 고인이기 때문에 누구나 선점해서 상표등록 받을 수 있는 것이다.

　　'BTS'는 BTS 당사자 본인이 출원하거나, 타인의 상표 신청에 당사자의 동의하면 상표등록 가능하다. 현재 BTS의 상표는 국내에만 191건의 상표가 주식회사 하이브의 이름으로 출원진행 중이거나 등록되어 있는데, BTS 맴버 모두가 이에 대하여 동의가 있어야 가능한 것이다.

BTS　신사임당

[출처_ 특허정보사이트 키프리스]

저명한 타인의 성명과 동일한 성명을 갖는 타인의 경우는 어떻게 될까? 영화배우 정우성과 동명이인의 경우에도 영화배우 정우성의 동의가 없다면 상표등록이 불가능하다. 유명인과 동명이인으로서 억울한 부분이 없지 않겠지만, 유명한 타인의 인격권을 보호하기 위한 취지에서 상표법에서는 동의를 요구하도록 규정되어 있다. 다만, 이때 동의 없는 상표등록은 불가능하더라도, 상표법 제90조에서 자기의 성명 등을 상표로 사용하는 경우에 대해서 상표권의 효력이 미치지 않는 것으로 규정하는 바, 부정경쟁 목적이 없는 한 유명인과 동명이인인 본인 이름의 상표에 대한 자유로운 사용은 가능하다.

그때는 맞고 지금은 틀리다.

그런데 이러한 저명성의 정도는 때에 따라 달라질 수 있다. 원조 아이돌 그룹의 대명사인 H.O.T는 1990년대 중반부터 2000년대 초까지 매우 활발하게 활동함으로써 그 당시 전국민 대부분이 알 정도여서 저명성이 당연히 인정되었다 할 것이지만, 2023년 현재 H.O.T에 대하여 저명성이 인정될지는 미지수다. 2013년에 저명성이 인정된 '2NE1'이 현재도 유효하게 적용될 수 있을까? 인격권을 보호하는 취지의 본 상표법의 규정을 고려하면 현재 해체하여 활동하지 않는 아이돌 그룹의 명칭에 대하여 저명성을 인정받기는 쉽지 않아 보인다.

이러한 저명성에 대한 입증은 저명한 타인 측에서 이루어지는 것이 보통이다. 매우 유명해서 전국민이 인지할 정도의 유명인사가 아니라면 심사관 자의로 저명성을 인정하는 것에 리스크가 따를 수 있다.

최근에는 유튜브 방송을 진행하는 유튜버들이 많은 인기를 얻으며 널리 이름을 알리고 있고, 구독자가 수십만에서, 수백만에 이르는 대형 유튜버들도 탄생하였다. 이러한 유튜버들의 성명이나 유튜브 방송의 이름 또한 저명한 타인의 성명 등에 해당될 수 있다.

일부 브로커들이 이들의 상표를 선점하려고 특허청에 상표 신청하는 경우가 꽤 발생하는데, 심사관들이 유명 유튜버들의 존재를 알지 못해 등록을 허여하는 경우도 종종 발생한다.

이 경우 유튜버 측에서 정보제공, 이의신청, 나아가 무효 심판 등을 통하여 유튜버 본인의 저명성을 적극적으로 소명함으로써 해당 상표를 소멸시키고 본인이 상표를 가져올 수 있겠다.

'막걸리 한잔' 영탁 상표권은 누구에게

11

가수 영탁 측과 영탁막걸리를 제조 판매하는 예천양조 사이의 상표 분쟁에서 우선 영탁측에 유리한 판결이 나왔다. 예천양조에서 판매하는 막걸리 제품에 '영탁'을 표시해서는 안되며, 이미 제조한 제품에서도 제거하라는 것이다.

영탁측과 예천양조 사이의 상표 분쟁은 2020년으로 거슬러 올라간다. 예천양조 측에서는 가수 영탁 측이 무리하게 3년간 150억 원을 요구해서 양 사간 계약이 불발되었다 하고, 가수 영탁 측에서는 예천양조가 협상에 성실하게 임하지 않고, 상표권이 없더라도 상표사용이 가능하니 굳이 불리한 협상을 하지 않겠다 하여 협상이 종료되었다고 주장하며 상표 분쟁이 시작되었다.

이 분쟁에서 분명한 사실은 가수 영탁 측이나 예천양조 측 모두 '영탁' 상표권을 소유하려 한 것이다. 즉, 가수 영탁 측이 원하는 시나리오는 '영탁' 상표권을 확보하고, 예천양조의 영탁막걸리 판매가 계속되는 한 매년 매출액의 몇%를 로열티로 받아가는 것이고, 이와 반대로 예천양조는 상표권을 확보한 상태로 영탁을 일정기간 동안만 모델로 사용하여 모델료를 지불하고 이후는 독자 노선으로 진행하는 것이 아닐까 한다. 이를 위해 서로 각자는 '영탁'에 대한 상표를 출원한 상태다.

그렇다면 '영탁' 상표권은 누구에게 돌아갈 것인가.

우선 예천양조가 막걸리에 대하여 '영탁' 상표를 확보할 수 있을까? 상표법 제34조 제1항 제6호에서는 저명한 타인의 성명 등을 포함하는 상표의 등록을 제한하고 있다. 저명한 타인의 동의가 없는 한 상표등록이 불가하다.

예천양조의 최초 '영탁' 상표출원 시점은 2020년 1월 28일. TV조선 '내일은 미스터트롯' 프로그램이 2020년 1월 2일 부터 3월 14일 까지 방영된 것을 고려하면 예천양조의 상표출원은 가수 영탁이 어느 정도 알려진 이후겠지만, 지금과 같은 인기를 크게 얻기 전에 이루어진 것이다. 한편, 예천양조 측에 불리하게 2016년 개정을 통해 타인의 저명성에 대한 판단 시점이 출원시에서 등록여부결정시로 바뀌었다. 결국 출원시에는 가

□ [15] 영탁

상품분류 : 33	출원인 : 농업회사법인 예천양조 주식회사
출원(국제등록)번호 : 4020210019700	출원(국제등록)일자 : 2021.01.28
등록번호 :	등록일자 :
출원공고번호 :	출원공고일자 :
도형코드 :	대리인 : 경일호
최종권리자 :	

□ 공고 🌐 [3] 영탁

상품분류 : 33	출원인 : 박진두 이종금 박영탁
출원(국제등록)번호 : 4020200145894	출원(국제등록)일자 : 2020.08.19
등록번호 :	등록일자 :
출원공고번호 : 4020230081217	출원공고일자 : 2023.05.04
도형코드 :	대리인 : 오종한 문용호
최종권리자 :	

[출처_ 특허정보사이트 키프리스]

수 영탁이 저명하지 않았다고 하더라도, 등록여부결정시점인 2020년 7월에 이미 가수 영탁은 전국적으로 유명인사가 되어, 결국 예천양조의 '영탁' 상표는 최종 등록이 거절되었다.

예천양조는 2021년 1월 28일 다시 '영탁'이라는 상표를 막걸리에 대하여 출원하였는데, 저명성이 있는 가수 영탁이 동의를 해줘야만 상표등록이 가능한 상황이 되었다.

가수 영탁 측은 어떨까? 가수 영탁 측의 상표가 등록된다면 예천양조 측에 '영탁' 상표 사용금지를 바로 요청할 수 있게 되고, 이 경우 예천양조는 영탁 측이 요구하는 비용을 지불하거나 아니면 영탁이라는 상표를 변경해야 한다. 그런데 우리 상표법 제34조 제1항 제20호에서는 동업, 고용 등 계약관계나 업무상 거래관계 또는 그 밖의 관계를 통하여 타인이 사용하거나 사용을 준비 중인 상표임을 알면서 출원한 상표의 등록을 불허하고 있다. 건전한 상거래질서를 보호하기 위함이다.

실제 가수 영탁 측도 2020년 8월 19일 막걸리 등에 대하여 '영탁' 상표를 출원하였고, 현재 심사는 통과하였지만, 이의신청이 제기되어 여전히 영탁 상표분쟁은 계속 중이다.

가수 영탁 측과 예천양조는 2020년 4월 1일부터 1년간 광고 모델 계약을 맺었다고 한다. 계약의 내용을 알지 못하지만,

이러한 모델 계약만으로 또는 계약 내용에 따라 양측이 업무상 거래관계로 인정될 수 있고, 이 경우 가수 영탁 측의 막걸리에 대한 '영탁' 상표 또한 등록이 어려울 수 있다.

예천양조 측이 영탁측의 상표등록을 저지하기 위하여 집중적으로 주장할 부분이다.

예천양조와 가수 영탁 측 모두 상표등록에 실패한 경우 예천양조의 영탁 막걸리 브랜드 사용은 어려울 수 있다. 부정경쟁방지법에 의하면 국내에 널리 인식된 타인의 성명과 동일하거나 유사한 것을 사용하거나 이러한 것을 사용한 상품을 판매, 반포 또는 수입, 수출해 타인이 상품과 혼동하게 하는 행위는 부정경쟁행위로 보고 있다(부정경쟁방지법 제2조) 이번 판결에서 이러한 점이 반영되어 예천양조 측에 '영탁' 상표의 사용을 금지한 것이다.

현재 영탁측과 예천양조의 상표분쟁은 민사소송에서는 2심으로 올라가 계속중이고, 특허청에서는 영탁측의 상표 등록에 대한 이의신청 싸움이 계속되고 있다. 양사 간의 분쟁의 지속은 서로에게 불리할 수 있다.

영탁 브랜드는 영탁에 대한 팬심에 상당부분 영향을 받는 브랜드인데, 이번 분쟁을 통하여 영탁에 대한 이미지가 실추되고 있다. 브랜드 인지도를 쌓는 일은 오래 걸려도, 신뢰를 잃는 것은 한 순간 일 수 있다.

이제는 서로 윈윈할 수 있는 방법을 찾아야 한다. 지나치게 법리적으로 접근하여 각자의 권리만을 내세우게 되면 양측 모두 이미지의 하락을 불러올 수 있다. 서로에게 각을 세우는 것이 브랜드 이미지나 예천양조 이미지에 결코 도움이 안된다. 결국 가수 영탁 측과 예천양조 측 모두 '영탁'이나 '영탁' 막걸리 브랜드 이미지에 타격뿐만 아니라 금전적인 피해를 입을 수밖에 없다. 영탁 막걸리 한잔 서로 권하며 함께 상생할 수 있는 미래를 위해 다시 협상 테이블에 앉을 때다.

아이돌 그룹의 상표권은
누가 가져가야 하는가

현재까지 특허청에 진행된 연예기획사들의 소속 아이돌 상표출원은 6,000건을 넘는다. 하이브(구 빅히트), SM, JYP, YG 등 대형 기획사들 중심으로 소속 아이돌 상표인 BTS, Twice, EXO 등의 상표출원이 활발히 진행되고 있다. 1993년 서태지와 아이들을 시작으로 1996년 H.O.T, 1999년 S.E.S의 상표출원이 이어졌고, 최근 수년간은 하이브가 'BTS' 'Army' 등의 상표를 전 업종의 상품 및 서비스업체에 출원하는 것을 포함하여 전체 아이돌 상표출원 건수가 폭발적으로 증가하였다.

이러한 아이돌의 상표출원은 과거 음반, 연예업 등에 한정되었으나 최근에는 의류, 화장품, 문방구, 음식 등의 다양한 굿즈(Goods) 상표로 확대되었다. 연예 활동을 통해 널리 알려진 브랜드 위상을 이용하여 다양한 상품 판매로 이어나가 수익창출을 극대화하고자 하는 것이다. 즉, 과거 아이돌 이름이 아이돌을 특정하는 인격적 권리에 머물렀다면 이제는 그러한 인격적 권리를 넘어 상품의 출처를 나타내는 브랜드로서 재산적 가치

□ 등록 ⓟ [15] BTS

상품분류 : 09
출원(국제등록)번호 : 4020150025190
등록번호 : 4011506160000
출원공고번호 : 4020150102548
도형코드 : 261111 270902 270919
최종권리자 : 주식회사 빅히트뮤직

출원인 : 주식회사 하이브
출원(국제등록)일자 : 2015.04.06
등록일자 : 2015.12.24
출원공고일자 : 2015.10.01
대리인 : 특허법인 아이스퀘어

[출처_ 특허정보사이트 키프리스]

도 함께 포함하는 것으로 바뀌었음을 알 수 있다.

　　최근에는 아이돌 이름을 둘러싼 아이돌과 소속기획사 간의 상표권 분쟁들이 빈번하게 발생하고 있다. 티아라의 전 소속사가 티아라와의 계약이 끝난 이후 상표출원을 진행하였다가 거절되어 이슈가 된 적이 있고, 현재는 하이라이트라는 그룹으로 활동하는 과거 비스트 또한 전 소속사인 큐브엔터테인먼트와의 상표권 분쟁으로 그룹명을 변경할 수 밖에 없었다.

　　이러한 상표권 분쟁은 아이돌과 전속계약기간 중 소속사가 상표권을 확보하지 않은 상태로 계약이 종료된 이후에 주로 발생하게 된다. 일반적으로 아이돌이 기획사에 소속된 상태에서는 상표 등의 권리를 소속사에 일임할 수 밖에 없기에 이러한 분쟁이 발생할 여지가 거의 없다. 아이돌이 소속사와 계약해지 이후, 계속해서 해당 이름을 사용하고자 할 때 주로 발생하게 된다.

　　그렇다면 계약 종료 후 아이돌의 명칭에 대한 상표권을 아이돌과 전 소속사 중 누가 소유하는 것이 바람직하다고 할 수 있나. 나아가 계약 해지 후 소속사가 아이돌 명칭을 상표로 출원하는 경우 소속사가 상표권을 확보할 수 있는가.

　　상표 소유에 대한 이슈를 이해하기 위하여 우리나라의 아이돌과 소속사 간의 관계의 특수성을 살펴봐야 한다. 우리나라의 경우 소녀시대, S.E.S, H.O.T, 젝스키스 등의 1세대 아이돌 그룹에서부터 최근의 BTS, Twice, 세븐틴 등의 K-POP 그룹에 이르기까지 소속사가 아이돌이나 아이돌 그룹을 기획하고 발굴하여 데뷔시키는 것으로서, 그룹 명칭 네이밍이나 구성원 캐릭터의 컨셉, 나아가 음반 제작, 콘서트 등의 음악활동 전반은 물론 각종 방송활동 전반을 철저히 관리하면서 상당기간 비용과 노력을 투자하는 시스템이다. 이런 이유로 상표권이 소속사 소유가 되어야 한다는 견해가 있다.

하지만 이러한 시스템을 이해한다고 하더라도, 아이돌의 인기가 소속사의 노력에 전적으로 의존하는 것도 아니고, 소속사와 아이돌이 함께 시너지를 만들어 낸 공동의 결과물이기 때문에 무조건 소속사가 상표권을 가져간다고 해석하는 것은 무리가 있다. 나아가 아이돌과 아이돌 이름은 분리해서 생각할 수 없는 유기적인 관계이기 때문에 오히려 상표권은 아이돌에게 주어지는 것이 더욱 타당할 수 있다.

한편, 상표법 제34조 제1항 제6호에서는 저명한 타인의 성명이나 명칭, 예명 등에 대하여 저명한 타인 이외의 자가 상표 출원하여 등록받지 못하도록 하고 있다. 다만, 예외적으로 저명한 타인이 상표의 등록을 승낙하는 경우 예외적으로 등록받을 수 있을 뿐이다. 따라서 아이돌이 저명해진 이후, 아이돌 명칭의 상표를 등록받기 위해서는 소속사라고 하더라도 아이돌의 동의가 필요한 것이다.

결국, 상표법 제34조 제1항 제6호의 입법 취지가 저명한 타인의 인격권을 보호하기 위한 것이라는 점, 아이돌 명칭의 사용에 대하여 실연자인 아이돌이 본인 명칭을 사용할 권리를 보호할 필요가 있는 점, 저명한 타인 이외의 자가 상표등록을 하는 경우 일반수요자들이 출처에 관한 오인 혼동의 염려가 있는 점 등을 고려하면, 저명한 아이돌 명칭의 상표권은 아이돌에게 돌아가는 것이 더 바람직한 것으로 보인다.

H.O.T가 이름을 지킬 수 있었던 이유

아이돌그룹 H.O.T의 전 소속사 대표인 김경욱 씨가 H.O.T를 상대로 제기한 상표권 침해소송이 대법원에서 심리 불속행 기각되면서 최종 패소 판결 확정되었다. 이로써 2018년 시작된 H.O.T 상표권을 둘러싼 분쟁이 원조 아이돌그룹의 최종 승리로 마무리되었다.

사건은 2018년으로 거슬러 올라간다. 2018년 1월 MBC 무한도전의 토토가를 통해 다시 뭉치며 인기를 되찾은 H.O.T는 그해 10월, H.O.T 데뷔 22주년, 해체 후 17년 만의 콘서트를 준비하게 된다. 그런데 이 콘서트에 해방꾼이 등장한다. 그 당시 H.O.T의 상표권을 보유하고 있었던 김경욱 씨가 H.O.T를 상대로 상표 사용에 대한 비용을 요구한 것이다.

김경욱 씨는 H.O.T의 데뷔 후 정확히 한달만인 1996년 10월 7일에 김경욱 본인 이름으로 H.O.T 상표를 출원해 1998년 6월 2일에 등록 받았다. 음반발매업, 공연기획업, 음악 공연업, 콘서트 공연업 등에 대하여 H.O.T 상표 사용을 독점할 수 있는 것이었다.

상표권의 처음 존속기간은 10년이지만, 10년마다 갱신을 통하여 영구적인 소유도 가능하다. 김경욱 대표가 2018년 당시 H.O.T 상표를 보유할 수 있었고, 이 상표를 근거로 아이돌 그룹 H.O.T에게 상표 침해 소송을 제기한 것이다.

이에 H.O.T 아이돌 그룹은 콘서트 홍보물이나 콘서트 이름으로서 H.O.T 대신 High Five Of Teenagers를 사용하였다. 상표 침해 이슈를 최소화하면서 안정적인 콘서트 진행을 위하여 H.O.T를 H.O.T로 부를 수 없었던 해프닝이 벌어졌다.

이후 2018년 12월 H.O.T 측은 김경욱 씨의 H.O.T 상표권를 소멸시키기 위한 모든 방법을 동원한다.

등록된 상표권이라도 처음부터 무효사유가 존재함에도 불구하고 잘못된 심사에 의하여 등록이 된 경우 상표 무효심판에 의하여 상표가 소급하여 처음부터 없었던 것으로 될 수가 있다. 또한 등록된 상표권이라도 해당 상품에 대한 오랜 기간 불사용하게 되면 불사용취소심판이 청구되어 장래를 향해 소멸할 수도 있다.

H.O.T 측은 김경욱 씨의 상표권에 대하여 사용하지 않은 상품 일부에 대하여는 불사용취소심판을 제기하여 상표를 장래적으로 소멸시키는데 성공하였다. 그리고 나머지 상품에 대하여도 무효심판을 제기하였고, 특허심판원에서는 무효가 아니라는 심결을 받았지만, 이후 특허법원에서 무효라는 판결로 바뀌었고 2020년 대법원 심리불속행 기각 판결을 받아내어 결국 모든 상표가 소멸되기에 이르렀다.

김경욱 씨의 H.O.T 상표에 대한 무효사유로 구 상표법 제

7조 제1항 제4호인 공공의 질서 또는 선량한 풍속을 문란하게 할 염려가 있는 상표라는 주장과 구 상표법 제7조 제1항 제11호인 수요자를 기만할 염려가 있는 상표에 해당한다는 주장이 있었고, 이 중 제11호인 수요자를 기만할 염려가 있는 상표라는 주장이 받아들여졌다.

김경욱 씨의 H.O.T 상표가 무효가 될 수 있었던 것은 상표등록까지 1년 8개월 정도의 시간이 걸린 것이 주요했다. 그 사이 H.O.T는 음악계에 전무후무한 다양한 기록들을 세우며 엄청난 인기를 얻었기 때문이다.

즉, 김경욱 씨의 H.O.T 상표권이 등록될 시점인 1998년 4월에는 이미 H.O.T가 국내 수요자에게 음반발매업이나 공연기획업 등에 대하여 H.O.T 아이돌 그룹의 식별표지로 널리 인식되어 김경욱 씨가 H.O.T 상표를 획득하게 되면 일반수요자로 하여금 출처의 오인혼동이 발생할 수 있으므로 이에 대한 등록을 금지하는 것이다.

□ 무효 🅜 [35] H.O.T

H.O.T

상품분류 : 41	출원인 : 김경욱
출원(국제등록)번호 : 4119960012327	출원(국제등록)일자 : 1996.10.07
등록번호 : 4100424340000	등록일자 : 1998.06.02
출원공고번호 : 4119980011341	출원공고일자 : 1998.04.06
도형코드 :	대리인 :
최종권리자 : 김경욱	

[출처_ 특허정보사이트 키프리스]

결국 김경욱 씨의 H.O.T 상표는 수요자를 기만할 염려가 있는 상표라는 이유로 무효되어 소급적으로 소멸되었다. 상표가 무효로 소멸됨에 따라 상표의 존재를 기초로 한 상표침해소송도 자명하게 침해가 아닌 것으로 결론이 날 수밖에 없었던 것이다.

점입가경 '피프티피프티' 분쟁

피프티피프티(FIFTY FIFTY) 분쟁이 점입가경이다. 피프티피프티는 키나, 새나, 시오, 아란의 4명의 멤버로 구성된 여성 아이돌 그룹으로서, '큐피드 CUPID'란 노래로 2023년 5월 17일 빌보드 메인 싱글 차트 '핫 100' 17위까지 오르면서 순식간에 엄청난 인기를 얻게 되었다. 8주 연속 '핫 100'에 머문 기록이었다. 그런데 피프티피프티는 6월 19일 갑자기 소속사에게 전속계약 효력정지 가처분을 신청하고, 가처분 신청한 바로 그날 피프티피프티의 멤버 가족이 공동으로 피프티피프티와 멤버 구성원 각자의 이름을 특허청에 상표 신청하면서, 소속사와의 갈등이 널리 알려지게 되었다.

피프티피프티는 화장품(제3류), 건강기능식품(제5류), 음반(제9류), 보석(제14류), 문방구(제16류), 가방(제18류), 머그컵(제21류), 의류(제25류), 의류장식품(제26류), 연예인매니저업(제35류), 인터넷방송업(제38류), 음악공연업(제41류)의 총 12가지 상품 분류에 대해서 각각 '피프티피프티' '키나' '새나' '시오' '아란'의 5개 상표, 즉 총 60개의 상표를 출원하였다.

그런데 이러한 상표출원은 매우 다급하게 이루어진 것으로 짐작되는데, 선행상표를 정확하게 파악하지 못하고 출원진행한 것으로 보이기 때문이다. 피프티피프티가 신청한 상표의 상당수가 먼저 출원한 상표의 존재로 거절될 가능성이 높다.

☐ 등록 🏵 [3] 키나 KINA

상품분류 : 05
출원(국제등록)번호 : 4019940028693
등록번호 : 4003213410000
출원공고번호 : 4019950017570
도형코드 :
최종권리자 : (주)녹십자

출원인 : 주식회사 녹십자
출원(국제등록)일자 : 1994.07.18
등록일자 : 1995.09.04
출원공고일자 : 1995.06.26
대리인 : 김재천

☐ 등록 🏵 [14] 새나 S

상품분류 : 16
출원(국제등록)번호 : 4020160009196
등록번호 : 4012095990000
출원공고번호 : 4020160060307
도형코드 : 261101 261113 270508
최종권리자 : 사단법인 두란노서원

출원인 : 사단법인 두란노서원
출원(국제등록)일자 : 2016.02.04
등록일자 : 2016.10.17
출원공고일자 : 2016.06.08
대리인 : 유인경

☐ 등록 🏵 [20] 시오

상품분류 : 18 35
출원(국제등록)번호 : 4520160001923
등록번호 : 4500693470000
출원공고번호 : 4520160067830
도형코드 :
최종권리자 : 이정주

출원인 : 이정주
출원(국제등록)일자 : 2016.03.08
등록일자 : 2016.11.14
출원공고일자 : 2016.06.28
대리인 : 김종국

☐ 등록 🏵 [21] 아란

상품분류 : 05
출원(국제등록)번호 : 4020200008626
등록번호 : 4017094810000
출원공고번호 : 4020200119060
도형코드 :
최종권리자 : 일동제약(주)

출원인 : 일동제약(주)
출원(국제등록)일자 : 2020.01.17
등록일자 : 2021.03.30
출원공고일자 : 2020.11.23
대리인 :

[출처_ 특허정보사이트 키프리스]

우선 멤버의 이름인 '키나' '새나' '시오' '아란'의 상표 각각은 적어도 하나의 상품류에 선행하는 상표가 존재하여 해당류에 대해서 거절될 가능성이 매우 높다. 이미 선점한 타인의 권리를 침해할 수 없기 때문에 동일거나 유사한 선행하는 상표가 존재하는 경우 멤버 본인 이름의 상표출원이라고 할지라도 등록 받을 수 없다.

또한 그룹명인 피프티피프티의 경우, 머그컵 및 의류에 대하여 타인이 이미 상표를 선점하고 있다.

상표의 유사여부를 판단함에 있어서 타인에 의하여 선점된 상표가 한글이 아닌 영어 상표라 할지라도, 문자 상표 중 가장

☐ 등록 🛈 [8] FIFTY/FIFTY

상품분류 : 21
출원(국제등록)번호 : 1317428
등록번호 :
출원공고번호 : 4020170095708
도형코드 : 261101 261109 270514
최종권리자 : ICY-HOT Hydration, LLC

출원인 : 아이시-핫 하이드레이션, 엘…
출원(국제등록)일자 : 2016.07.19
등록일자 : 2017.12.12
출원공고일자 : 2017.09.20
대리인 : 양영준 이길상

☐ 등록 🌐 [3] FIFTYFIFTY

상품분류 : 25
출원(국제등록)번호 : 4020220038951
등록번호 :
출원공고번호 : 4020230095508
도형코드 :
최종권리자 :

출원인 : 김은미
출원(국제등록)일자 : 2022.03.02
등록일자 :
출원공고일자 : 2023.05.30
대리인 : 황보의

[출처_ 특허정보사이트 키프리스]

중점적으로 보는 호칭이 동일하고, 나아가 관념도 동일하여 양 상표는 전체적으로 유사하다고 판단될 가능성이 매우 높고, 이에 따라서 후출원인 피프티피프티 상표는 거절될 것이다.

한편, 소속사인 어트랙트 주식회사 또한 피프티피프티에 앞선 5월 15일 및 6월 15일 영문 FIFTYFIFTY 상표를 화장품, 음반, 문방구, 가방, 의류, 응원봉, 음악공연업, 식당업 등에 상표출원하였다.

상표는 먼저 출원한 자에게 권리를 부여하는 것이 원칙이고, 소속사와 아이돌 그룹의 상표는 한글과 영어의 차이만 있을 뿐 호칭과 관념이 동일하기 때문에 후출원자인 아이돌 그룹은 지정상품이 겹치는 영역에서 상표권을 획득하기 어렵다.

다만 소속사와 아이돌 그룹의 상표권 이슈에 있어서, 한가지 변수가 있을 수 있다. 상표법 제34조 제1항 제6호에 의하면 저명한 타인의 성명, 명칭 등을 포함하는 상표의 경우 저명한 타인의 승낙이 있지 않는 한 상표등록이 불가능하다. 그리고 이때 저명한 타인에 대한 저명성의 판단은 인격권의 훼손이 있다고 객관적으로 인정될 정도의 저명성이 필요하며, 판단시점은 상표의 등록여부를 결정할 때를 기준으로 판단하게 된다.

다시말해, 소속사의 FIFTYFIFTY 상표에 대한 등록여부를 판단하는 시점에 아이돌 그룹이 더욱 유명해져 저명한 정도로 널리 알려지게 된 경우, 소속사라고 할 지라도 아이돌 그룹 멤버 각자의 동의가 없는 한 상표등록이 불가능해질 수 있다. 이 경우 소속사가 아닌 아이돌 그룹이 피프티피프티 상표권을 소유할 수 있게 된다.

결국은 시간 싸움일 수 있다. 소속사의 경우 피프티피프티가 더욱 유명해지기 전에 상표 우선심사를 통하여 빠르게 등록여부를 판단받는 전략을 취할 수 있고, 아이돌 그룹의 경우 해당 상표에 대한 정보제공 및 출원공고시에는 이의신청 등을 통하여 최대한 심사기간을 늦추면서 본인을 더 널리 알려 저명성을 취득하는 방법을 사용할 수도 있다.

하지만 더욱 바람직하게는, 초심으로 돌아가 상표를 놓고 서로 싸우지말고 서로 윈윈하는 전략을 함께 고민해보는 것이 어떨까한다.

아이돌 그룹의 성공은 소속사나 아이돌 그룹 중 어느 하나에 의하여 전적으로 이루어지지 않는다. 소속사는 아이돌 그룹을 발굴하고, 그룹 명칭을 정하고 구성원의 컨셉이나 음악활동 전반을 철저히 관리하면서 상당기간 비용과 노력을 투자한다.

아이돌 그룹 또한 아이돌 그룹의 명칭과 분리해서 생각할 수 없는 유기적 관계에 있으며, 수많은 노력을 통하여 대중의 인기를 받는 주체이다.

서로의 노력과 희생이 시너지를 발휘하여 여기까지 올 수 있었던 것 일테니, 지금과 같은 분쟁은 서로에게 결코 도움이 되지 않을 것이다. 서로를 안쓰러운 마음으로 바라보며 좋은 방향으로 화해하길 기대해본다.

BTS의 '보라해' 상표 거절

빅히트뮤직의 '보라해' 상표가 거절되었다. 보라해는 방탄소년단 멤버 뷔(V, 김태형)가 BTS 팬미팅에서 '무지개의 마지막 색인 보라색처럼 끝까지 상대방을 믿고 서로 오랫동안 사랑하자는 의미'라고 말하면서 시작된 신조어로서 방탄소년단 멤버들과 팬들 사이에서 '사랑해'라는 의미로 사용되고 있다.

빅히트뮤직은 이러한 보라해를 2021년 6월 화장품, 귀금속, 문방구, 가방, 의류 등의 제품과 인터넷쇼핑몰업, 공연기획업 등의 서비스업을 지정하여 상표출원하였지만, 최근 특허청이 빅히트뮤직의 10건의 상표 모두에 대하여 거절이유를 통지한 것이다.

빅히트뮤직 이전에 네일 브랜드 라라리즈가 '보라해'의 상표를 출원했다가 아미들의 뭇매를 맞고 상표출원을 취하한 이력이 있다. 이에 빅히트뮤직은 타인에 의하여 소속 아티스트와 연관된 상표를 사용하거나 표현에 대한 권리를 획득하려는 시

□ [거절] 🌀 [2] 보라해 BORAHAE

| 보라해 BORAHAE | 상품분류 : 03
출원(국제등록)번호 : 4020210115561
등록번호 :
출원공고번호 :
도형코드 :
최종권리자 : | 출원인 : 주식회사 빅히트뮤직
출원(국제등록)일자 : 2021.06.04
등록일자 :
출원공고일자 :
대리인 : 카이특허법인 |

[출처_ 특허정보사이트 키프리스]

도들이 계속 발생하고 있는 점을 인식하고 이를 해결하기 위하여 직접 보라해 상표를 출원했다는 입장이다.

하지만 특허청은 빅히트뮤직이 출원한 보라해 상표는 신의칙에 반하기 때문에 등록을 줄 수 없다고 한다. 뷔가 사용하거나 사용 준비 중인 상표임을 알고 이를 빅히트가 출원한 것에 대한 문제 제기이다. 거절의 근거 규정은 상표법 제34조 제1항 제20호이다.

우선 상표법 제34조 제1항 제20호가 적용되기 위해서는 동업, 고용 등의 계약관계나 업무상 거래관계에 있는 자가, 타인이 사용하거나 사용을 준비 중인 상표를 알고, 그 상표와 동일 유사한 상표를 동일 유사한 상품에 출원해야 한다.

뷔와 빅히트뮤직은 서로 다른 인격을 갖는 타인에 해당하고, 뷔와 빅히트뮤직 사이에는 고용 등의 계약관계가 존재하며, 뷔가 보라해를 만들어 사용하고 있음을 빅히트가 알았음은 분명하다.

여기서 중요하게 체크해야 할 부분이 있다. 뷔가 보라해란 단어를 만들어 사용하기는 하지만 이를 상표적으로 사용하거나 상표적으로 사용할 의사가 있는지 여부이다.

특허청의 출원 후 진행된 이력을 살펴보면, 빅히트뮤직의 보라해 상표출원 이후 다수의 정보제공이 있었음을 확인할 수 있다. 정보제공은 누구나 할 수 있는 것으로 상표출원에 대하여 거절이유가 있음을 특허청의 심사관에 제공하는 것이다. 자칫 심사관이 놓칠 수 있는 거절의 이유들을 심사관에게 제공해주는 것인데, 심사관은 제공된 정보제공 자료들을 참조하여 등록여부를 결정하게 된다. 아마도 보라해 상표를 빅히트뮤직이 소유하는 것에 반대하는 뷔의 팬들이 정보제공을 한 것이 아닐까 추측이 된다.

뷔가 상표로 보라해를 사용할 의사가 없음이 분명하고, 이를 특허청에 제공한다면 빅히트뮤직이 받은 거절이유가 극복될 수 있을 것으로 보인다. 이는 전적으로 뷔의 의사에 달렸다고 볼 것이다.

뉴스공장은 누구의 것

16

TBS 간판 프로인 뉴스공장을 6년 여간 진행해 온 김어준 씨가 2022년 말 뉴스공장을 하차했다. 뉴스공장은 2016년 9월부터 2022년 12월 30일까지 방송된 아침 라디오 시사 프로그램으로서, 2018년부터는 부동의 청취율 1위를 기록하였다.

프로그램의 공식 명칭은 '김어준의 뉴스공장'이며, 일반인들은 이를 줄여서 '뉴공'이라고도 부른다. 김어준씨 본인에게 있어 가장 영향력 있었던 라디오 프로그램에서 하차해야하는 아쉬움도 있었을 것이고, 한편으로 프로그램 명칭에 대한 애착도 있었을 것이다. 이에 2022년 10월 김어준씨는 프로그램명인 '김어준의 뉴스공장'에 관한 상표를 출원하였다. '김어준의 뉴스공장' 상표를 뉴스취재업, 뉴스보도서비스업 등의 제41류와 인터넷방송업 등의 제38류를 지정상품으로 지정하여 특허청에 상표권을 신청한 것이다. 이후 김어준씨는 2023년 1월 9일 부터 '김어준의 겸손은 힘들다 뉴스공장'이라는 유튜브 기반 뉴스

[출처_ 유튜브 김어준의 겸손은 힘들다 메인페이지]

콘텐츠 제공 프로그램을 시작하였고, 해당 상표 또한 특허청에 출원한 상태이다.

이미 TBS를 나와서 김어준의 뉴스공장 이름을 가지고 별도의 뉴스 콘텐츠를 제작하여 방송할 의도가 있었다는 것이다. 나아가 '김어준의 뉴스공장' 명칭은 '김어준 꺼야'라고 외치는 상징적인 의미도 있을 수 있겠고, 상표권을 확보함으로써 추후 TBS와 명칭에 관하여 분쟁이 발생되는 것도 사전에 예방하고 싶어서 일 수 있겠다.

김어준씨가 상표를 출원하기 며칠 전 TBS는 이미 'TBS 뉴스공장' 및 'TBS 뉴스공장 주말특근'에 대한 상표권을 확보하였다. 2022년 6월 23일 라디오방송업 등에 대하여 특허청에 상표 출원하였고 우선심사제도를 통하여 4개월도 채 지나지 않은 지난 10월 13일 상표등록 받았다. 정식명칭에서 김어준을 뺀 이름만으로 상표 권리화함으로써 진행자의 변경을 염두 해 두었을 것으로 추측된다. 한편, TBS가 김어준씨의 동의 없이 '김어

□ 🔲 ⊛ [7] TBS 뉴스공장

TBS 뉴스공장

상품분류 : 38	출원인 : 재단법인 서울특별시 미디어…
출원(국제등록)번호 : 4020220116793	출원(국제등록)일자 : 2022.06.23
등록번호 : 4019208980000	등록일자 : 2022.10.13
출원공고번호 : 4020220090373	출원공고일자 : 2022.07.27
도형코드 :	대리인 : 하수준
최종권리자 : 재단법인 서울특별시 미디어재단 티비에스	

[출처_ 특허정보사이트 키프리스]

준의 뉴스공장' 자체에 대한 상표권을 확보할 수는 없다. '김어준'이 저명한 타인의 성명에 해당되고, 이 경우 상표법에서는 저명한 타인의 동의가 없는 한 상표등록을 불허하기 때문이다. 따라서 TBS는 김어준 이름 없이 'TBS 뉴스공장'이나 'TBS 뉴스공장 주말특근'으로 등록 받을 수밖에 없다.

그렇다면 '김어준의 뉴스공장'은 TBS의 선행하는 등록상표가 존재함에도 불구하고 상표등록이 가능할까? 뉴스보도업 등과 관련하여 '뉴스공장' 상표는 식별력이 없어 그 자체만으로 등록이 어렵다고 판단한 특허청의 심사례가 존재한다. 특허청은 뉴스에 공장이 결합되어 있지만, '공장'은 지정상품의 판매 및 제조 장소 또는 서비스 제공 장소적 의미로 흔히 사용되는 단어로 식별력이 없어 등록이 불가하다는 입장이다.

다만, 뉴스공장에 대한 식별력을 부정한 심사례가 이후 심판이나 법원의 판단을 받은 것도 아니고, 뉴스공장이 본래 식별력이 없는 단어라 할지라도 6년 이상 사용하면서 오랜기간 부동의 청취율 1위로 일반수요자에게 널리 알려진 바, 사용에 의하여 식별력을 취득한 것으로 볼 것인지에 대해서는 다투어 볼 여지는 있겠다.

　뉴스공장 자체의 식별력이 부정된다면 '김어준의 뉴스공장' 상표는 TBS의 선행하는 상표가 존재함에도 불구하고 상표등록이 가능하다 할 것이고, 추후 김어준의 뉴스공장 사용도 크게 문제되지 않는다. 뉴스공장 자체의 식별력이 인정된다면 '김어준의 뉴스공장'과 'TBS 뉴스공장'의 상표 유사여부를 판단하여야 하고, 높진 않지만 양 상표가 유사하다고 볼 가능성도 존재한다. 이 경우 김어준의 뉴스공장 상표가 거절될 수 있으며, 김어준의 뉴스공장 사용도 제한이 가해질 수 있다.

　김어준의 뉴스공장은 어떻게 될까? 김어준씨가 출원한 '김어준의 겸손은 힘들다 뉴스공장' 상표는 현재 특허청 심사관의 거절의견을 받은 상태이다. 이대로 심사가 확정된다면 뉴스공장은 TBS가 독점하게 되고, 김어준씨는 뉴스공장이란 이름을 더 이상 사용할 수 없게 된다. 앞으로의 심사결과가 주목된다.

메타버스와 상표권

기술이 발전하면서 메타버스(Metaverse)라는 새로운 가상세계가 우리 앞에 등장하였다. 메타버스는 가공, 추상을 의미하는 메타(Meta)에 현실세계를 의미하는 유니버스(Universe)가 결합되어 탄생된 합성어로 3차원 가상세계를 의미한다.

메타버스의 등장으로 아바타라는 가상주체가 가상화폐나 대체불가능한 토큰(NFT) 등을 가지고 가상세계에서 가상상품을 거래하는 새로운 형태의 상품거래시장도 시작되었다.

가상세계의 기술이 크게 발전하면서 현실세계와 가상세계가 점차 연계되어가고, 이에 따라 현실세계에서의 상품이 디지털 이미지화된 가상상품으로 등장하거나, 향후에는 역으로 가상세계에서의 유명 가상상품이 현실세계의 상품으로 등장하게 될 가능성까지 제기되고 있다. 이 경우 현실세계와 가상세계에서의 상표 충돌은 필연적일 수밖에 없게 되었다.

메타버스와 관련된 상표 침해 이슈는 크게 2가지로 요약될 수 있다. 현실세계에서의 상품이 디지털화되어 거래되는 경우의 상표 이슈 및 상품의 거래행위는 없지만 메타버스 내에서 유명상표의 표시행위에 따른 상표 침해 이슈가 그것이다.

우선 현실세계 상품을 디지털화한 경우의 예로서 에르메스 버킨백을 '메타버킨스'라는 NFT로 판매한 경우가 있었으며, 스톡엑스라는 중고 상품 판매업자가 나이키 상표권자 동의없이 나이키 운동화 NFT를 판매하여 나이키가 소송을 제기하기도

하였다.

이러한 상표분쟁에서의 핵심은 디지털 이미지화된 가상 상품을 실체가 있는 현실의 상품과 유사하게 볼 수 있을지가 주요 쟁점이다. 다만 현행 상표법상 현실세계의 상품과 가상세계의 상품이 비유사하여 상품 출처의 오인혼동이 발생되지 않는다는

NTERNATIONAL CLASS	009
*IDENTIFICATION	Downloadable virtual goods, namely, computer programs featuring footwear, clothing, headwear, eyewear, bags, sports bags, backpacks, sports equipment arts toys and accessories for use online and in online virtual worlds
FILING BASIS	SECTION 1(b)
INTERNATIONAL CLASS	035
*IDENTIFICATION	Retail store service featuring virtual goods, namely, computer programs featuring footwear, clothing, headwear, eyewear, bags, sports bags, backpacks, sports equipment arts toys and accessories for use online, on-line retail store services featuring virtual merchandise, namely, footwear, clothing, headwear, eyewear, bags, sports bags, backpacks, sports equipment arts toys and accessories
FILING BASIS	SECTION 1(b)
INTERNATIONAL CLASS	041
*IDENTIFICATION	Entertainment services, providing on-line, non-downloadable virtual footwear, clothing, headwear, eyewear, bags, sports bags, backpacks, sports equipment arts toys and accessories for use in virtual environments

['JUST DO IT'상표의 미국 출원 지정상품 / 출처_ 미국특허청]

이유로 침해가 아니라고 판단될 가능성이 매우 높다.

　나이키의 경우 이러한 문제를 방지하기 위하여 최근 'Nike' 'Just Do It' 'Air Jordan' 'Jumpman' 등의 상표를 메타버스 관련 상품을 지정하여 상표출원을 마쳤다. 지정상품으로는 다운로드 가능한 가상상품, 가상상품을 판매하는 리테일 스토어 서비스업, 가상상품을 제공하는 엔터테인먼트 서비스업 등이 포함되어 있다.

　나이키의 동의없이 가상세계에서 나이키 관련 가상제품이 무분별하게 사용되는 것을 상표권으로 방지하면서, 나이키 자체도 현실세계에서의 나이키의 유명 가상 운동화나 의류 등을 가상의 세계에서도 본격적으로 판매하고 관련 서비스를 제공하기 위한 것으로 해석된다.

　다음으로 상품의 거래행위는 없지만 메타버스내에서 유명 상표의 표시행위에 따른 상표 침해 이슈가 있다. 디지털트윈과 같이 현실의 세계를 가상의 세계에 그대로 옮겨 놓는 경우, 즉, 유명한 아파트 브랜드가 그대로 가상세계에서 사용되거나 유명 상점의 이름이나 트레이드드레스를 그대로 모방하여 표시될 수도 있고, 유명인의 인격표지가 메타버스내에서 그대로 사용될 수도 있다. 이와 관련된 상표분쟁 사례가 뉴욕 법원에서 있었는데, 현실세계의 실제 험비와 유사한 디지털 험비를 콜 오브 듀티라는 VR 게임 내에서 사용함으로써 상표 침해 소송이 진행되었고, 판결에서는 표현의 자유가 인정되어야 하고 사업분야가 상이하다는 이유로 상표의 실제 침해로 인정되지는 않았다.

이렇게 가상상품이나 가상상품 서비스에 별도의 상표를 등록 받는다고 할지라도 가상세계에서의 거래 활동이 없다면 가상세계에 등장하는 수많은 현실의 상표를 보호하는 것이 현행 상표법상 어렵다.

현행 상표법은 상표 침해 성립을 위한 요건으로서 상표의 사용을 상표법 제2조에서 정의하고 있고, 제2조에서 정의된 상표 사용에는 상품 등에 상표를 표시하는 행위, 상표를 표시한 상품 등을 양도 또는 인도하는 행위, 상품에 관한 광고 등을 하는 행위를 포함하는 것으로 제한적으로 규정하고 있다.

다시말해 가상세계에서의 상표 표시행위가 이러한 상표의 출처를 표시하기 위한 행위로 인정되기가 어렵기 때문에 가상세계에서 상표를 사용한다 하더라도 현실세계의 상표권자의 상표권을 침해하는 것으로 판단되지 않는다. 현재 부정경쟁방지법에 의한 보호를 고려해 볼 수 있으나, 부정경쟁방지법이 적용되기 위해서는 해당 상표가 널리 알려질 필요가 있고, 따라서 주지하거나 저명하지 않은 상표는 부정경쟁방지법에 의해서도 보호받기 어렵다.

현재 메타버스 도래에 따른 상표법 개정이 논의되고 있다. 예를 들어 현재 상표법 제2조에서 정의되고 있는 상표의 사용과 관련하여 가상세계에서의 상표의 사용 등의 다양한 상표 사용을 포괄하는 보충적 일반조항을 포함시킬 수 있겠다. 또한 상표법상 침해에 관련하여도 현재 상품의 동일 유사가 전제됨을 요구하고 있으나, 비유사한 상품이라고 할지라도 상표 인지도나 거래실정 등을 고려하여 수요자의 혼동가능성이 존재한다면 침해로 인정될 수 있도록 상표법을 개정하는 방안도 고려될수 있겠다.

법을 함부로 개정하게 되면 이에 수반하는 혼란과 법적 불안정성이 문제될 수 있다. 다만, 한편으론 시대를 반영하지 못하는 법은 그 존재자체가 무의미 하고, 그로 인한 피해도 발생하게 된다. 가상세계의 도래로 인한 관련법들의 진중하면서도 현실을 반영한 개정안이 빠르게 논의될 필요가 있겠다.

NFT · 가상제품,
상표권 침해금지 소송

18

2022년 2월 나이키가 스탁엑스(StockX)를 상대로 상표권 침해금지 소송을 제기한다. 나이키는 스탁엑스가 나이키 허락없이 나이키 상표를 NFT에 사용해 소비자에게 판매함으로써 상품 출처의 오인 혼동을 초래하였고, 나이키 제품이미지와 상표를 무단 사용함으로써 나이키의 신용에 무임승차를 하고 있다고 주장한다.

스탁엑스는 한정판 제품 등 인기 있는 상품을 구매한 뒤 비싸게 되파는 것을 의미하는 리셀마켓(RE-Sell Market)의 선두주자로서 2022년 1월부터 블록체인 기반 볼트 NFT(Vault NFT)를 웹사이트와 앱을 통해 판매하기 시작하였는데, 여기에 나이키 제품이 다수 포함되었던 것이다. 볼트 NFT는 일종의 교환권 같은

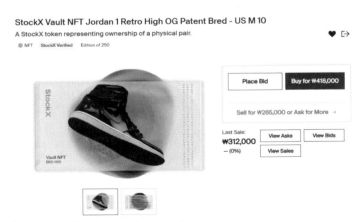

[출처_ 스탁엑스 홈페이지_https://stockx.com]

것으로서 당장 실물상품을 받지 않아도 NFT를 통해 소유권을 증명할 수 있고 소유권의 추적이 가능하기에 소비자가 원할 때 언제든지 실물과 교환도 가능하다.

하지만 나이키의 스탁엑스에 대한 상표침해주장이 받아들여질지는 의문이다. 스탁엑스는 나이키 정품을 구매하여 소유권을 NFT 형태로 판매하는 것으로서 나이키 정품 구매로 인하여 상표권의 권리가 소진된다고 볼 것이며, 볼트 NFT를 구매하는 일반 소비자 또한 실물 제품에 대한 출처는 여전히 나이키로 인식하는 것으로서 출처에 대한 오인 혼동이 발생될 가능성이 적기 때문이다.

현실의 세계에서 생각해보자. 나이키 제품을 구매하고 재판매하는 경우 이에 대한 광고를 올리면서 나이키 제품에 대한 이미지나 나이키 상표를 사용하는 것이 나이키 상표의 침해를 형성할지를 고려해보면 답이 나온다. 정당한 구매가 있다면 상표권은 권리가 소진되는 것이다. 리셀 형태로 나이키 정품에 대한 교환권을 판매하는 것도 침해가 성립되지 않을 것이며, 그러한 교환권의 형태가 NFT인 경우에도 마찬가지일 것이다.

다만, 이렇게 타인의 제품을 NFT로 등록해 판매하는 경우 타인의 상표권이나 저작권 등의 지식재산에 대한 권리를 보유하고 있지 않은 상태에서 NFT 소유권만을 판매하기 때문에 분쟁의 가능성이 높아질 수 있다. 예를들어 실제 제품이 아니라 위조품이나 허위 제품을 NFT로 등록하여 판매시 NFT 구매자들이 실제 제품으로 오인하여 구매하는 피해가 발생할 수 있고, 이 경우 소비자에게 충분한 법적 보호가 이뤄지지 않을 가능성도 높다.

한편 나이키는 가상제품에 대한 상표출원도 2021년 10월 이미 마쳤고, 12월에는 블록체인 메타버스 스타트업인 '아티팩트'를 인수하며 나이키 가상제품 출시 계획도 밝혔다. 앞의 사례에서는 실제 제품의 교환권을 NFT로 만들었다면, 가상제품에 대한 상표출원은 실제 제품이 아닌 가상세계에서 거래되는 가상제품에 나이키 상표를 표시하여 가상제품을 만들고 이를 판매하겠다는 것이다.

TSDR ASSIGN Status TTAB Status (Use the "Back" button of the Internet Browser to return to TESS)

Word Mark	NIKE
Goods and Services	IC 009. US 021 023 026 036 038. G & S: Downloadable virtual goods, namely, computer programs featuring footwear, clothing, headwear, eyewear, bags, sports bags, backpacks, sports equipment, art, toys and accessories for use online and in online virtual worlds
	IC 035. US 100 101 102. G & S: Retail store services featuring virtual goods, namely, footwear, clothing, headwear, eyewear sports bags, backpacks, sports equipment, art, toys and accessories for use online; on-line retail store services featuring virtual merchandise, namely, footwear, clothing, headwear, eyewear, bags, sports bags, backpacks, sports equipment, art, toys and accessories
	IC 041. US 100 101 107. G & S: Entertainment services, namely, providing on-line, non-downloadable virtual footwear, clothing, headwear, eyewear, bags, sports bags, backpacks, sports equipment, art, toys and accessories for use in virtual environments
Mark Drawing Code	(3) DESIGN PLUS WORDS, LETTERS, AND/OR NUMBERS
Design Search Code	26.17.09 - Bands, curved ; Bars, curved ; Curved line(s), band(s) or bar(s) ; Lines, curved
Serial Number	97096366
Filing Date	October 27, 2021

[나이키의 가상제품에 대한 상표출원 / 출처_ 미국특허청]

나이키의 가상제품에 대한 상표출원을 통해 생각해볼 이슈가 있다. 가상상품간의 유사판단에 대한 기준을 어떻게 정할지, 가상상품과 현실상품을 유사하게 볼지도 문제된다. 예를 들어 가상신발과 가상의류를 유사로 볼지, 가상 신발과 현실 신발을 유사로 볼지 판단해야 한다. 이러한 경우 현재의 심사기준은 비유사로 추정하고 있지만, 심판이나 판결례가 나옴으로써 얼마든지 판단기준이 달라질 수 있다고 본다. 가상의 제품은 현실의 제품보다 훨씬 제품의 제조나 판매에 대한 제약이나 경계가 없어 하나의 출처에서 다양한 종류의 가상제품이 만들어지고 거래될 수 있기 때문이다.

NFT 및 가상상품이 범람하면서 상표권도 더욱 분주해졌다. 충분한 사례와 판결례가 나오기까지 꽤 오랜시간이 소요될 수 있다. 예상되는 문제들에 대한 보완책과 법적 대비책이 미리 마련되어야 한다. NFT와 가상상품이 상표법의 테두리 안에서 어떻게 안정적으로 정착할 수 있을지에 대한 충분한 고민이 필요한 시점이다.

생활 속의 상표,
그 이면의 이야기

19_ 사과 분쟁

20_ 애플

21_ 스타벅스

22_ 페이스북

23_ 설화맥주

24_ 이재명과 오뚜기

25_ 치킨과 자동차 그리고 햄버거

26_ 불사용취소심판

27_ 손흥민의 상표

스티브 잡스와 비틀즈

19

'애플'하면 요즘 사람들은 아이폰, 아이패드의 애플사를 떠올릴 것이다. 스티브 잡스와 스티브 워즈니악은 1976년 컴퓨터 조립 키트인 '애플'을 만들면서 애플 컴퓨터(Apple Computer, INC)를 시작했고, 2007년 아이폰과 애플 TV를 공개하면서 사명을 현재의 애플(Apple Inc)로 변경했다.

하지만 스티브 잡스보다 먼저 사과 모양을 상표로 사용한 기업이 있었다. 바로 전설의 영국 밴드 비틀즈가 1968년 세운 음반 회사 애플(Apple Corps)이다. Apple Corps는 비틀즈의 모든 앨범을 발표했으며, 비틀즈 이외에도 배드핑거스, 오노 요코, 메리 홉킨 등이 함께하고 있었다.

분쟁의 시작

비틀즈의 Apple Corps와 스티브 잡스의 애플은 1978년부터 2007년에 이르기까지 애플 상표를 두고 오랜 분쟁을 벌였다. 스티브 잡스의 애플 컴퓨터가 시작되고 2년이 채 지나지 않

APPLE

[애플상표 / 출처_ 미국특허청]

은 1978년 Apple Corps가 스티브 잡스의 애플 컴퓨터를 상대로 상표 소송을 제기하면서 애플 상표 전쟁이 시작되었다.

스티브 잡스의 애플 컴퓨터가 애플 상표를 사용하게 되면 그 당시 매우 유명했던 Apple Corps의 상표 가치가 희석된다는 이유였다. 현재 시점에서의 스티브 잡스의 애플은 지구상에서 가장 큰 기업 중 하나로 전 세계적으로 가장 유명한 기업이지만, 애플 컴퓨터가 탄생한 1970년대만 해도 스티브 잡스의 Apple보다 비틀즈의 Apple Corps가 훨씬 유명했다.

또한 지금이야 모든 컴퓨터 기기는 음악 녹음이나 재생과 뗄 수 없는 관계에 있지만, 1978년으로 돌아가 생각해보면 그 당시 음반 회사와 컴퓨터 회사는 서로 다른 영역의 제품과 서비스를 생산하고 공급하는 것으로 관련성이 크지 않았다. 즉 음반에서의 애플 사용과 컴퓨터 기기에서의 애플 사용은 서로 다른 분야에서의 상표 사용으로서 서로 상표의 오인 혼동이 발생하지 않는다.

이에 따라 Apple Corps의 애플은 상표의 오인 혼동이 아닌 저명상표의 희석화를 이유로 상표 소송을 제기한 것이다. 저명상표 희석화란 타인이 저명상표와 동일 또는 유사한 상표를 사용함으로써 저명상표의 제품 또는 서비스의 식별력을 손상시키는 것이다. 애플 컴퓨터가 애플 상표를 컴퓨터 산업에만 사용하는 경우라도 음반 산업의 Apple Corps의 애플 상표에 대한 노력과 비용의 산물인 상표의 구매력 및 신용 등을 감소시킬 수 있다는 것이다.

미국에서는 저명상표와 서로 다른 영역이어서 서로 경쟁하지 않아 일반 수요자들이 양 상표를 혼동할 가능성이 없더라도 저명상표의 식별력을 떨어뜨리거나 명성을 손상시키는 경우 저명상표의 희석이 인정된다.

우리나라에서도 상표법과 부정경쟁방지법에서 저명상표의 희석을 다루고 있다. 상표법 제34조 제1항 제11호에서는 수요자들에게 현저하게 인식되어 있는 타인의 상품이나 영업과 혼동을 일으키게 하거나 식별력 또는 명성을 손상시킬 염려가 있는 상표의 등록을 불허하고 있으며, 부정경쟁방지법 제2조 제1호 다목에서는 국내에 널리 인식된 타인의 표지를 사용함으로써 타인의 표지의 식별력이나 명성을 손상하는 행위를 부정경쟁행위로 규정하여 이러한 사용을 금지하고 있다. 즉, 저명한 상표의 식별력을 손상시키는 경우 상표등록이 불허됨은 물론 사용도 제한되는 것이다.

스티브 잡스, 비틀즈의 애플을 사버리다

예를 들어 BTS를 BTS 아닌 타인이 가수 활동이나 음반 활동과 무관한 분야에 상표출원해도 해당 상표는 BTS의 저명성으로 인해 등록이 거절될 가능성이 높다. 등록을 위한 상표출원이 아닌 BTS를 제품이나 서비스의 표지로 사용만 하더라도 부정경쟁행위로 사용이 제한된다는 것이다.

한편 Apple Corps의 애플과 스티브 잡스의 애플의 1978년의 소송은 저명상표의 희석화 논쟁에서 시작되었지만, 기술이 발전하여 컴퓨터에 음악 재생 기능이 탑재되면서 저명상표의 희석뿐만 아니라 실제 서로 오인 혼동의 가능성도 매우 높아지게 되었다.

1978년의 이 소송은 양 당사자 간의 합의로 종료되었는데, 애플 컴퓨터가 비틀즈의 애플에 8만 달러를 지불하면서 비틀즈의 애플은 음악 관련 산업에 애플을 사용하되 컴퓨터 관련 산업에 진출하지 않고, 애플 컴퓨터는 애플을 컴퓨터 관련 산업에 사용하되 음악 관련 산업에 진출하지 않는 것으로 합의했다.

이후 기술이 발전하면서 컴퓨터 제품에 씨디롬 등 음악을 녹음하고 재생하는 기능이 생기자 1989년 다시 한번 양사의 소송이 진행됐고, 2003년에는 아이튠스(iTunes)에 애플 명칭을 사용하면서 또 한 번 양사의 분쟁이 계속되었다.

현재는 스티브 잡스의 애플이 Apple Corps의 'APPLE'의 문자 상표뿐만 아니라 도형 상표 모두를 양수해 소유하고 있는 상태이다. 2007년 그리고 2008년 스티브 잡스의 애플이 Apple

[비틀즈의 애플사가 미국에서 등록 받은 상표(US3200354, US3221275, US2036537, US2041653)로, 2007년 5월 스티브 잡스의 애플사에 모두 양도됨 / 출처_ 미국 특허청]

Corps에 5억 달러(약 5,370억 원)의 엄청난 금액을 지불하고 상표를 모두 양도받으면서 Apple Corps에 음악 사업 관련 라이선스를 주는 것으로 양사의 오랜 분쟁이 마무리됐다.

'사과' 비슷해도 안 돼?

20

2023년 어느날 애플이 스위스 과일 연합에 사과 로고를 사용하지 말라는 소송을 제기한 것이 기사화되었다. 과일 연합 로고로 사과를 쓰지 말라고 하다니 애플이 지나친 것 아니냐는 생각이 들 수도 있겠다. 하지만 애플의 이전 전적을 보면 이번 소송도 이해가 간다.

애플은 그동안 사과나 배, 오렌지 등의 과일모양 형상의 상표에 대하여 적극적으로 등록을 저지하거나 애플의 상표권 침해를 이유로 수백 건의 분쟁을 진행하였다. 과일 관련 업을 하는 기업이든 작은 스타트업이든 가리지 않았다.

애플이 이렇게 사과 모양 상표에 적극적으로 공격을 해온다면 사과를 상표로 사용하고 있는 우리나라의 동서식품이나 안동사과도 애플로부터 소송을 당하는 것이 아닐까 궁금해질 수 있다.

사과 모양을 사용했다는 점에서 애플의 소송이 제기될 가능성을 배제할 수는 없다. 다만 애플로부터 소송이 제기된다고 하여도 우리나라의 두 기업이 소송에서 질 가능성은 매우 낮다. 애플의 상표는 사과를 한 입 베어 문 것이 주요한 포인트라고 할 수 있고, 상표에서 이러한 인상이나 느낌이 들지 않는다면 애플의 상표와 비유사하다고 판단될 가능성이 매우 높기 때문이다.

아무리 애플이 전세계적으로 유명한 기업이라고 해도 사과

[안동사과 및 동서식품 로고 / 출처_ 특허정보사이트 키프리스]

모양을 갖는 상표를 모두 애플 소유로 판단할 수는 없다. 실제로도 애플이 제기한 소송 대부분은 애플이 패소하였다.

스타벅스도 마찬가지다. 스타벅스도 타인의 상표가 원형의 테두리 안에 도형이나 얼굴 등의 형상을 포함하기만 하면 적극적으로 상표등록 저지를 위해 나섰다. 스타벅스의 상표는 원형의 테두리 안에 그리스 신화의 세이렌이 그려져 있는데, 테두리 안의 형상이 세이렌과 전혀 다른데도 수많은 분쟁을 제기한 것이다. 스타벅스도 이러한 분쟁에서 모두 패했다.

애플, 스타벅스 외에도 샤넬, 보톡스 상표를 보유한 앨러간(Allergan), 허쉬(Hershey) 초콜렛 등 많은 글로벌 기업들이 자신들의 상표와 유사해 보이거나 향후 소비자의 오인혼동이 발생할 가능성이 조금만 있다고 판단되는 경우에도 적극적으로 상표등록을 저지하거나 변경을 요구하고 있다.

패소의 확률이 높은데도 불구하고 애플이나 스타벅스 등이 상표분쟁을 지속하는 이유는 무엇일까. 우선 명분상으로는 저명상표의 회석화를 들 수 있다. 즉 애플이나 스타벅스와 같은 저명상표와 유사한 상표의 사용으로 저명 상표의 식별력이나 명성, 신용 등이 손상되기 때문이다.

브랜드의 가치는 양질의 제품이나 서비스를 보장하면서 다른 상표와 구별이 뚜렷하여 독보적일 때 높게 인정 받을 수 있다. 그런데 여기저기에서 유사한 상표가 사용되다보면 그러한 양질의 가치가 희석될 수 있기 때문에 이를 막고자 함이다. 또한 유명세에 편승하려는 자들을 원천적으로 차단하려는 목적도 있겠다.

보다 실질적으로는 타인 상표의 인지도가 커지기전에 미리미리 소송을 제기하여 유사한 상표에 대해서 꿈도 꾸지 못하도록 경고하는 것일 수 있다. 의도적으로 수백건의 소송을 걸고 이를 기사화함으로써 유사한 상표를 사용하게 되면 애플이나 스타벅스 같은 대기업에게 소송을 당할 수 있다는 것을 널리 알리는 것이다.

애플이나 스타벅스가 소송을 걸어올 가능성이 있다고 판단되면 스타트업이나 개인, 작은 중소기업 등은 싸우기보다는 피하는 길을 선택할 가능성이 높기 때문이다.

애플이나 스타벅스 등은 어떻게 알고 분쟁을 제기하는 것일까. 애플이나 스타벅스 내에 상표 모니터링 전담 팀을 구비하여 유사 상표를 관리하거나, 사내 전담 팀이 없다면 외부 특허사무소나 법률 사무소에 용역을 맡겨 모니터링을 하기도 한다. 실제 한국에서도 글로벌 기업들의 상표를 많이 취급하는 대표 로펌의 경우 유사상표 전담 관리팀을 운영하면서 많은 스타트업이나 개인 상대로 상표의 변경이나 포기를 유도한다.

스타트업이나 개인들이 글로벌 기업들의 거침없는 상표 공격에 대비하기 위해서는 상표권을 미리 확보하는 것이 바람직하다. 특허청으로부터 인정받은 상표를 미리 확보하고 있는 경우와 그렇지 못한 경우는 차이가 날 수밖에 없다.

상표권이 없다면, 거대 기업들의 공격을 방어하기가 쉽지 않다. 반면, 상표권을 미리 보유하고 있다면, 분쟁의 가능성도 적을 뿐만 아니라, 분쟁이 발생하더라도 거대 기업들이 등록된 상표부터 소멸하려는 전략을 세워야 하기 때문에, 방어에서도 유리하고 상대방과의 유리한 협상을 이끌어낼 수도 있기 때문이다.

'세이렌' 로고 컨셉도 양보 못해?

1999년 이화여대의 1호점을 시작으로 현재 전국에 1,500여 개의 매장을 보유한 스타벅스는 20여 년 만에 100배 성장하였다는 평가를 받는다. 전국 어느 도시에 가든 스타벅스 매장이 없는 곳을 찾기가 어려워졌다.

국내에 등록된 상표를 보더라도 왕관을 쓰고 있는 세이렌(Siren)의 얼굴이 클로즈업된 대표적인 스타벅스 로고를 포함하여 1,000건이 훌쩍 넘는 상표를 보유하고 있다. 이렇게 한국에서 승승장구하는 스타벅스이지만 상표에 관한 분쟁에서는 결과가 썩 좋지 못하다. 다소 무리로 판단되는 소송을 강행한 것도 있어 보인다. 그렇다면 스타벅스는 왜 이렇게 공격적으로 상표를 지키려는 노력을 하고 있는 것일까?

시장에서 특정 상표가 인지도를 쌓고 명성을 얻기 시작하면 이를 따라하는 모방상표들이 출몰하게 된다. 소비자들에게 익숙한 상표와 유사 상표들을 사용함으로써 소비자에게 혼돈을 주고, 해당 브랜드의 구축된 브랜드 신용에 편승하기 위한 경우들이 있다.

하지만 상표분쟁의 경우에 있어서 실제 상표 사용자의 숨은 의도를 파악하기는 어렵다. 이에 우리 상표법에서는 해당 상표가 실제 시장에서 소비자들에게 출처의 오인 혼동의 우려가 존재하는지 여부에 따라서 상표의 유사여부를 판단하고, 이에 따라 상표분쟁의 결과가 결정된다.

스타벅스가 진행한 굴직한 사건들

스타벅스는 2015년 12월 일본 유업 회사 모리나가를 상대로 상표등록 무효심판을 제기하였다. 하지만 모리나가 상표가 스타벅스 상표와 비유사하다는 이유로 심판에서 졌고, 2017년 다시 특허법원에 심결의 취소를 다투는 심결취소소송을 제기하였으나 역시나 패소하였다.

상표등록 무효심판은 등록된 상표라고 하더라도 무효사유가 존재하는 경우, 해당 상표를 소급하여 소멸시킬 수 있는 제도이다. 상표의 등록은 특허청 심사관이 결정하게 되는데, 이에 대하여 심사보다 상급인 심판에서 심사결과에 대하여 다투는 것이다.

스타벅스는 특허청에 선등록 된 스타벅스의 상표와 후출원 된 모리나가의 상표가 유사하므로 후출원된 모리나가의 상표가 무효가 되어야 한다고 주장하였다. 스타벅스의 상표에

[출처_ 특허정보사이트 키프리스]

서 가장 먼저 인지되는 시각적인 요소로서 둥근 원 형상의 아웃라인과 그 안에 'STARBUCKS' 문구와 '별' 이미지 그리고 다시 더 작은 둥근 원 안에 왕관을 쓴 세이렌의 형상일 것이다. 호칭으로는 '스타벅스' 또는 '스타벅스 커피'로 호칭될 것이며, 'STARBUCKS'는 조어상표로서 특별한 관념을 형성하지는 않는 것으로 보인다.

이와 다르게 모리나가의 상표는 둥근 원 형상의 아웃라인과 작은 둥근 원 안에 특정 형상 및 원과 원 사이 글자가 배치된 것만 유사할 뿐 소비자에게 불리게 될 글자의 호칭이나 형상의 이미지가 스타벅스 상표와 너무나 다르다. 결국 이러한 차이로 인하여 시장에서 양 상표가 공존하더라도 소비자가 오인 혼동할 염려가 없다고 판단한 것이다.

이 밖에도 국내 커피 체인업체인 '엘프레야' '마고스' '베넥스인터내셔날'을 상대로 특허무효심판을 제기하였지만 모두 상표가 비유사하다는 이유로 스타벅스가 패소하였다. 특히 엘프

[출처_ 특허정보사이트 키프리스]

레야 상표에 대해서는 대법원에까지 다투었지만, 끝내 유사하다는 판단을 받지 못하였다.

스타벅스가 무효심판을 제기한 상표들을 보면 공통점이 있다. 무효심판 제기당한 상표는 모두 동그란 바깥원과 그 안에 작은 내부원을 포함하고 있으며, 바깥원과 내부원 사이에 상표로 읽힐 수 있는 브랜드의 명칭이 기재되고, 작은원 안에 특별한 형상이 배치되었다는 것이다. 이처럼 스타벅스는 이러한 디자인 컨셉을 보호받고 싶었던 모양이다.

하지만, 상표의 유사여부 판단은 상표의 디자인 컨셉을 보호하는 것이 아니다. 상표의 유사여부는 상표가 수요자에게 어떻게 인식되고 기억되는지를 기준으로 소비자에게 출처의 오인 혼동이 발생하지는 염려를 고려하여 유사여부를 판단하게 된다. 소비자에게 출처의 오인 혼동이 발생하는지 염려는 양 상표의 외관, 칭호, 관념을 고려하여 결정한다.

스타벅스가 무효심판을 건 상표들을 비교해보면, 호칭이나 관념이 명확히 다르고, 외관에 있어서도 글자나 도형의 배치를 제외하고, 글자 자체나 도형의 형상이 너무나 달라 소비자가 오인 혼동의 염려가 적다고 할 것이고, 결국 스타벅스는 이 모든 무효심판에서 패소하게 되었다.

다소 무리해 보이는 소송에도 불구하고 스타벅스의 상표

브랜드를 지키기 위한 노력은 존중되어야 한다. 상표는 하나의 회사의 자산으로서 그 중요성은 두 말할 필요가 없다.

브랜드를 지속적으로 널리 알려 시장에서의 인지도를 상승시키는 것이 필요할 뿐만 아니라 제3자의 사용에 대해서도 감시와 견제를 진행함으로써 소비자들에게 구축된 상표의 희소성 있는 이미지와 특별한 식별력을 유지하는 것이 매우 중요하다고 할 것이다. 이러한 관점에서 모방 상표에 대응은 반드시 필요하다 할 것이며, 그것이 결국은 브랜드의 신용을 지키는 일이면서 동시에 수요자에게 줄 수 있는 혼돈을 미리 방지하는 공익적 목적에도 부합한다고 할 것이다.

'메타' 상표권 독점,
'돈'만으로 가능할까?

2021년 마크 저커버그 페이스북 최고경영자는 회사 사명을 페이스북에서 메타(Meta)로 변경한다고 발표하였다.

메타는 메타버스를 포괄하는 것으로 해석될 수 있으며, 메타버스란 초월을 의미하는 '메타'(Meta)와 세계를 의미하는 '유니버스'(Universe)를 합성한 신조어로서 가상 환경에서 사람들이 일하고, 게임하고, 소통할 수 있는 온라인 공간을 의미한다.

페이스북이 소셜미디어를 넘어 가상현실 분야로 영역을 확장할 것임을 선포하는 것으로 볼 수 있다.

이와 관련하여 흥미로운 상표권 이슈가 있었다. 재미교포 2세가 페이스북 측에 메타에 대한 상표권을 400억에 매각했다는 기사가 있었고, 다른 하나는 Meta 상표권을 보유하고 있는 미국의 스타트업이 Meta 상표권을 페이스북에 2,000만 달러에 팔려고 한다는 기사였다. 이러한 루머성 기사가 진실이건 거짓이건 간에 전세계적으로 메타 상표권을 획득하기 위한 페이스북의 노력과 비용은 천문학적일 수밖에 없다.

페이스북이 메타 상표권을 획득하기 위하여 넘어야 할 큰 산이 존재한다. 우선, Meta의 식별력의 이슈가 있을 수 있다. Meta란 문자표장은 이미 메타버스나 메타플랫폼을 의미하는 것으로 널리 사용되고 있고, 관련 상표출원이 매우 많아 그 자체로 식별력을 인정받기가 쉽지 않다. 식별력의 문제는 개별국마다 인정여부에서 차이를 보이는데, 이미 한국뿐만 아니라 중국, 호주 등에서는 디지털 소프트웨어 등에 관하여 Meta의 식별력을 부정하고 있다.

　미국에서 등록받은 메타컴퍼니의 meta 상표는 등록되었지만, 한국에서는 동일 또는 유사한 상품에 다수인이 사용하고 있고, 공익상 특정인에게 독점시키는 것이 적당하지 않음을 이유로 등록이 거절되었다.

　또한, 전세계적으로 수많은 선행하는 Meta 상표가 존재하고 있다. 상표는 속지주의를 취하고 있는 바, 각국에서의 권리화를 위해서는 개별국마다 상표권을 취득해야 한다.

　미국에서 이미 페이스북의 주요 상품이라 할 수 있는 제9류(메타버스 애플리케이션), 제28류(게임장치), 제35류(광고업), 제38류(통신업), 제42류(소프트웨어개발업) 등의 분야에 타인에 의한 선행 상표가 존재하고 있다. 나아가 이미 다양한 국가에서 서로 다른 주체가 Meta 관련된 상표권을 보유하고 있다. 우리나라만 하더라도 2021년 Meta를 포함하는 상표의 출원이 660건을 넘었고, 페이스북이 메타로 사명을 변경한다고 발표한 10월 29일 이후로도 120건이 넘는 상표출원이 있었다. 전세계적으로 상표권을 확보하기 위한 엄청난 비용과 노력이 예상된다.

Meta의 문자 상표에 대하여 식별력이 없다고 판단하는 국가에서는 오히려 페이스북이 상대적으로 용이하게 상표권을 획득할 수 있다.

식별력 없는 Meta 문자 상표에 식별력 있는 것으로 보이는 '무한대' 기호를 결합하여 출원하면 상표등록이 쉬워진다. 이후 페이스북이 갖는 강력한 자본력과 광고력으로 Meta의 브랜드가 페이스북의 브랜드라는 것을 널리 알리게 된다면, 사용에 의하여 식별력을 획득할 수 있게 된다.

출처가 불분명했던 Meta 브랜드가 지속적인 광고 등에 의하여 페이스북으로 분명해지게 되는 것이고, 이것이 사후에 식별력을 획득하게 되는 것이다. 페이스북이 Meta의 식별력을 얻게 되면 페이스북 이외의 타사가 Meta 브랜드를 사용하는데 큰 제약이 될 수 있다.

Meta의 문자 상표에 대하여 식별력을 인정한 국가에서는 타사가 선점한 브랜드를 매입하거나 회사 자체를 페이스북이 인수합병하는 방식으로 진행되어야 하는데, 다양한 국가에서 다양한 회사가 Meta의 선행 상표를 보유하고 있는 만큼 상표의 매입이나 회사의 인수 등에 큰 기회비용과 노력이 요구될 수 밖에 없다.

이처럼 사명의 변경은 단순히 회사의 이름을 변경하고 선포한다고 끝날 일이 아니다. 전세계 수많은 상표권 이슈를 원만히 해결해야하는 문제가 뒤따르기 때문에, 페이스북은 이러한 난제를 어떻게 헤쳐나갈지, 시간이 흘러 미래는 마크 주커버그의 사명 변경 선포에 대하여 어떠한 평가를 내릴 것인지 매우 궁금해진다.

'세계 판매 1위' 하지만
한국에서는 판매 불가

설화맥주는 칭따오와 함께 세상에서 가장 많이 팔리는 맥주다. 설화맥주가 1등, 칭따오가 2등. 중국에서 1등은 세계 1등이다. 가격이 저렴하고 양이 많은데다 칭따오에 비해 톡 쏘는 맛이 있고 탄산이 많아 한국 사람에게도 꽤 인기가 있다.

하지만 설화맥주는 한국에서 판매되지 못하고 있었다. 중국에서 설화맥주를 사서 개인적으로 소비하는 것은 문제가 없지만, 한국으로 설화맥주를 수입하거나 한국에서 생산하여 팔게 되면 아모레퍼시픽의 상표권을 침해하는 상황이었다. 즉, 한국에서는 아모레퍼시픽의 상표권으로 인하여 설화맥주의 수입이나 생산이 불가한 것이었다.

아모레퍼시픽은 너무나 유명한 화장품 회사이다. 이런 아모레퍼시픽은 왜 화장품과 무관한 맥주에 대해서까지 상표권을 보유하고 있는 것일까.

일반적으로 상표출원은 현재 판매하거나 앞으로 판매할 제품 또는 현재 제공하거나 향후 제공하게 될 서비스를 중심으로

□ 등록 ⓡ [9] 설화   심판 공보

雪花

상품분류 : 32	출원인 : (주)아모레퍼시픽
출원(국제등록)번호 : 4020170023032	출원(국제등록)일자 : 2017.02.22
등록번호 : 4013844500000	등록일자 : 2018.08.06
출원공고번호 : 4020170110018	출원공고일자 : 2017.11.02
도형코드 :	대리인 : 김영철

[출처_ 특허정보사이트 키프리스]

이루어진다. 하지만, 이를 넘어 향후에도 진행될 가능성이 매우 적은 제품이나 서비스에까지 상표를 확보해 두는 이유는 무엇일까.

기업에서 생산하는 제품이나 제공하는 영업이외의 분야에까지 상표권을 확보해 두는 것은 자본이 충분한 대기업에게는 흔한 일이다. BTS는 상품이나 서비스업 전 영역에 상표를 확보하고 있으며, 신생야구단인 SSG랜더스도 야구와 무관한 화장품, 안마기, 일반금속, 가발, 밀키트 제품 등에까지 상표권 신청을 해놓은 상태다.

이처럼 비유사한 영역에까지 상표권을 확보해 두는 주요한 이유 중 하나는 바로 저명상표 희석화 때문이다. 저명상표 희석화란 타인의 저명상표를 비경쟁적 또는 부정적 이미지 상품에 사용함으로써 상표의 고객흡입력 내지 판매력을 훼손하는 행위를 말한다.

저명상표권자의 상표권의 내용과 서로 다른 상품이나 영업행위에 대한 상표사용은 직접적인 상표 침해행위에 해당되지는 않는다. 다만, 상표권자의 제품이나 영업행위와 직접 관련이 없는 분야라 할지라도 저명상표와 동일하거나 유사한 상표의 사용을 그대로 두게 된다면 저명상표주가 많은 노력과 비용을 투입하여 구축한 저명상표에 대한 이미지, 광고선전력, 고객흡

입력 등이 분산되어 희박해질 수 있기 때문이다. 이를 방지하기 위하여 자본이 뒷받침되는 대기업들은 가능한 많은 영역에 저명상표를 등록시켜 두는 것이다.

아모레퍼시픽도 마찬가지이다. 화장품 회사에서 향후 맥주를 팔 가능성은 그리 높지 않다. 다만, 설화맥주가 한국에 진입하여 널리 팔리게 된다면, 아모레퍼시픽이 구축한 설화수에 대한 이미지가 분산되고 식별력이 훼손될 수 있기 때문에 미리 맥주에 까지 확보하여 이러한 가능성을 사전에 차단했던 것이다. 그동안 설화맥주 측은 한국진출을 위해 상표출원도 여러 번 시도했고, 아모레퍼시픽과도 협의를 논의했지만, 결국 상표등록도 실패했고, 한국진출도 실패한 상황이었다.

그런데 최근 중국 설화맥주 측은 2021년 6월 1일 아모레퍼시픽으로부터 상표권을 양수해 오는데 성공하였다. 설화맥주 측의 상표권 획득을 위한 끊임없는 노력과 설득 그리고, 비용면에서도 매우 높은 금액에 상표권의 양수가 이루어졌을 것이다.

□ 🌊 ⚫ [3] 설화 Snow

상품분류 : 30 32 33 43 출원인 : 차이나 리소시즈 스노우 브…
출원(국제등록)번호 : 4020160077249 출원(국제등록)일자 : 2016.09.28
등록번호 : 등록일자 :
출원공고번호 : 출원공고일자 :
도형코드 : 011517 261301 270312 대리인 : 특허법인 수

[출처_ 특허정보사이트 키프리스]

[출처_ 특허정보사이트 키프리스]

    또한, 아모레퍼시픽 측은 설화맥주 측에 설화(한자) 상표를 양도하면서 상표 사용에 대한 별도의 요구조건이 있었을 것으로 예상된다.

    아모레퍼시픽의 설화수에 대한 저명성에 대한 희석을 최소화해야 하기 때문에 아모레퍼시픽 상표와 명확하게 구분되면서 중국에서 사용중인 상표 그대로 사용하도록 요구되었을 가능성이 크다.

    그동안 아모레퍼시픽의 상표권으로 인하여 한국 판매가 금지되었던 설화맥주가 드디어 한국 진출을 하게 되었다. 상표권의 중요성을 새삼 느낄 수 있다.

[출처_ 설화맥주 코리아]

이제 상표권까지 확보하게 된 설화맥주가 한국에서 얼마큼 인기를 얻게 될 지 한국에서도 중국에서와 마찬가지로 칭따오의 아성을 넘보게 될지 기대해본다.

이재명과 오뚜기
재명이네 슈퍼 사건

24

지난 2022년 대선기간 중 재명이네 슈퍼가 상표권 침해 논란에 잠정적으로 문을 닫았다. 재명이네 슈퍼는 동아제약의 '박카스' 상표를 '재명이로 바까스'라고 변형하여 이재명 후보를 홍보하기도 했으며, 이재명 후보의 지지율을 위해 '오뚜기처럼 일어서는 지지율'이라고 쓰면서 오뚜기 로고에 '오뚜기' 문자를 대신하여 '이재명'을 사용하였다. 이에 오뚜기 측은 재명이네 슈퍼에 상표권 침해 등의 주장을 하면서 항의하였고, 재명이네 슈퍼는 이러한 논란 속에 홍보물을 삭제하기에 이르렀다.

상표의 침해가 성립하기 위해서는 상표 및 상품이 동일 유사할 뿐만 아니라 상표의 사용이 제품의 출처표시로서 사용되어야 한다. 즉, 우리 상표법은 타인의 등록상표와 동일하거나 유사한 상표를 타인의 등록상표의 상품과 동일하거나 유사한 상품에 사용하되, 이때 상표의 사용이 거래상 상품에 대한 식별표지로서 상표적 사용에 해당되는 경우를 상표침해로 규정하고 있으며, 이러한 침해행위시 민사상 손해배상 등의 책임 및 형사상 침해죄의 책임을 부과하고 있다.

여기서 상표적 사용을 좀 더 자세히 살펴보면, 상표적 사용이라 함은 기본적으로 상표법 제2조의 상표의 사용행위, 즉 상품 또는 상품의 포장에 상표를 표시하는 행위, 상품 또는 상품의 포장에 상표를 표시한 것을 양도 또는 인도 등의 행위, 상품에 관한 광고, 정가표, 거래서류, 그 밖의 수단에 상표를 표시하고 전시하는 행위 등을 포함하며, 이 경우에도 상품에 대한 출처표시로서 일반수요자가 인식할 수 있어야 비로서 상표적 사용에 해당될 수 있다.

상표라는 것은 결국 자타상품을 구별할 수 있는 식별력 있는 출처표시로서 기능해야 하는 것인데, 이러한 출처표시 기능없이 상표를 사용하는 경우 상표의 침해에 해당하지 않게 된다. 예를 들어, 출처표시 목적이 아닌 순전히 디자인적으로 사용한다거나, 제품에 대한 설명적 문구로 사용하는 경우, 서적이나 음반의 제호로 사용되는 경우, 광고매체가 되는 물품 등에 표시된 상표의 경우 상표적 사용이라고 할 수 없다.

상표를 순전히 디자인적으로 사용한 경우에 있어서, 지정상품을 귀금속제 목걸이 등으로 하는 등록상표 아가타의 상표권자인 아가타 디퓨전이 이와 유사한 아가타 형상을 사용하여 목걸이용 펜던트를 제작하여 판매하는 주식회사 스와로브스키 코리아를 상대로 상표권 침해중지 등을 구한 사안에서 목걸이용 펜던트는 순전히 디자인으로만 사용된 것일 뿐 상품의 식별표지로 사용된 것으로 볼 수 없어 상표권 침해에 해당되지 않는다고 판시하였다(대법원 2013. 1. 24. 선고 2011다18802 판결).

제품에 대한 설명적 문구로 사용되는 경우에 있어서, '서적' '팜플렛' 등을 지정상품으로 한 등록상표인 'WINDOW'의 상표권자가 컴퓨터 운영체제에 관한 소프트웨어를 판매하면서 'Windows'를 사용설명서 등에 표시 한 자에게 상표권 침해 소송을 제기한 사건에서, 'Windows'는 컴퓨터 소프트웨어의 명칭을 표시한 것으로 사용설명서 등에 기술되어 있는 내용을 안내, 설명하기 위한 것일 뿐 상품의 출처표시로서 사용된 것으로 볼 수 없다고 하여 상표권 침해를 부정하였다(대법원 2003.06.23. 선고 2001다79068 판결).

광고매체가 되는 물품 등에 표시한 경우에 있어서, 맥주를 지정상품으로 'CASS'를 등록받은 자가 제품 출시 기념으로 티셔츠에 'CASS'를 표시하여 직원 등에게 무상으로 배포하였는데, 티셔츠에 대하여 'CASS' 상표를 등록받은 자가 이에 대하여 상표침해를 이유로 상표권침해금지가처분을 신청한 사안에서, 상품의 선전광고나 판매촉진 또는 고객에 대한 서비스 제공 등의 목적으로 물품에 상표가 표시되고 이것이 무상으로 고객에게 배부되어 거래시장에서 유통될 가능성이 없는 상품에 대한 사용은 상표적 사용이 아니어서 침해가 아니라고 판시하였다(서울지방법원 1995.10.24. 선고 95카합3529 결정).

이처럼 상표와 상품이 유사하다고 하더라도, 상표의 표시가 제품의 출처를 표시하는 것이 아닌 경우 상표권의 침해를 구성하지 않게 된다.

재명이네 슈퍼의 경우에도 '재명이로 바까스'가 자양강장제의 출처로 표시되었다거나 오뚜기 문자 대신 로고에 사용된 이재명의 표시가 식품의 식별표지로 사용된 것이 아니고, 일반수요자 또한 제품에 대한 출처로서 인식하는 것이 전혀 아니기 때문에 이러한 상표의 표시는 상표적 사용에 해당되지 않아 상표권의 침해가 성립되지 않는 것이다.

결국 단순히 등록된 상표를 가져다 사용한다고 해서 상표권 침해가 성립하는 것이 아니다. 상표권의 침해를 주장하는 쪽이나 침해주장을 받는 당사자 모두 상표권 침해 여부를 판단하기 위해서는 상표, 상품의 동일 유사여부와 더불어 상표적 사용인지에 대한 종합적인 고려가 이루어져야 한다.

제네시스 상표권,
상표등록 끝이 아니다 1

'제네시스'라고 하면 무엇이 떠오르는가? 아마도 대부분은 현대자동차의 고급세단을 떠올릴 것이다.

현대자동차는 현대자동차의 하위 브랜드로 2004년 1세대 제네시스, 2013년 2세대 제네시스를 출시하다가, 이후 글로벌 고급차 시장을 겨냥하며 2015년 드디어 독자적인 브랜드로 제네시스를 런칭하기에 이르렀다.

하지만 현대자동차의 제네시스에 함께 오랫동안 회사의 사명으로 '제너시스'를 사용한 회사가 있다. 다름 아닌, 지난 베이징 동계올림픽의 금메달리스트 황대헌 선수에게 평생 치킨을 주기로 약속한 주식회사 '제너시스비비큐'다.

제너시스비비큐는 2004년부터 제너시스를 사용 중이며, 현대자동차의 제네시스가 독자적인 브랜드로 런칭하기 한참 전인 2008년에 이미 '제너시스 GENESIS'의 상표를 다수 확보하였다.

☐ 등록 ⊗ [1] 제너시스 GENESIS

상품분류 : 29
출원(국제등록)번호 : 4020080021006
등록번호 : 4008020640000
출원공고번호 : 4020090022504
도형코드 :
최종권리자 : 주식회사제너시스비비큐

출원인 : 주식회사제너시스비비큐
출원(국제등록)일자 : 2008. 04. 30
등록일자 : 2009. 09. 29
출원공고일자 : 2009. 05. 14
대리인 : 특허법인정직과특허

[출처_ 특허정보사이트 키프리스]

제너시스비비큐 측은 2008년 치킨을 포함하는 상품류인 29류 이외에도 브레이크액 등을 포함하는 제1류, 공업용 왁스를 포함하는 제4류, 식료품 등의 제30류, 술 등의 제33류 등에 대하여 상표출원하여 이듬해 상표등록을 받았다.

상표는 현재 사용하고 있지 않더라도, 장래 사업이 확장되어 사용하게 될 가능성이 있거나, 사업 확장가능성이 없더라도 타인의 상표 선점에 의하여 상표의 명성에 손상을 입을 가능성을 차단하기 위하여 다양한 분야에 미리 상표를 출원하여 선점할 수 있다. 2015년 이전까지만 해도 제너시스비비큐의 '제너시스 GENESIS'와 현대자동차의 제네시스는 크게 부딪치지 않았다.

그런데 현대자동차가 제네시스를 독자적인 브랜드로 전환한 2015년 이후 제네시스 브랜드를 다양한 분야로 확장하면서 현대자동차와 제너시스비비큐의 법적소송도 시작되었다.

현대자동차는 제너시스비비큐를 상대로 '제너시스 GENESIS'의 상표가 사용되고 있지 않으므로 등록을 취소해 달라는 20건이 넘는 소송을 특허심판원과 특허법원에 진행하였다. 그리고 대부분 승소하였다. 제너시스비비큐가 '제너시스 GENESIS'를 등록만 해 두었지 사용하고 있지 않은 것이 대부분이었기 때문이다.

먼저 상표출원하여 등록된 상표라고 하더라도 3년 넘게 상표를 사용하고 있지 않으면 제3자에게 상표 선택의 기회를 제공해주기 위하여 우리 상표법은 불사용취소심판 제도를 마련하고 있다.

불사용취소심판의 청구인은 상대방의 상표가 등록된 이후 3년 동안 불사용되고 있음을 주장하기만 하면 되고, 피청구인 즉 상표권자가 해당 상표를 사용했음을 입증해야 한다. 입증을 하지 않거나 입증에 실패하게 되면 해당상표는 그때부터 장래를 향해 소멸하게 된다.

따라서 상표를 등록 받았더라도 사용하지 않고 있거나 당장 사용할 계획이 없다면 불사용으로 인한 취소의 가능성을 염두해두어야 한다.

쉐이크쉑버거, 파이브가이즈와 함께 미국 3대 수제버거로 불리는 인앤아웃버거의 예가 있다. 인앤아웃버거는 1991년 이미 한국에 상표를 출원하고 등록까지 받았다. 맥도날드가 1988년에 한국에 진출한 것과 비교해보다도 맥도날드와 몇 년 차이

□ ▨▨ 🌐 [10] IN-N-OUT BURGER

상품분류 : 43
출원(국제등록)번호 : 4119910005314
등록번호 : 4100216000000
출원공고번호 : 4119930021298
도형코드 : 241501 241507

출원인 : 인-엔-아웃버거즈
출원(국제등록)일자 : 1991. 12. 02
등록일자 : 1993. 10. 04
출원공고일자 : 1993. 07. 09
대리인 : 김성택 주성민

[출처_ 특허정보사이트 키프리스]

가 나지 않는다.

인앤아웃버거는 한국에 상표권은 확보하고 있지만 맥도날드와 다르게 아직까지 한국에 햄버거 매장을 열지 않고 있다.

다만, 인앤아웃버거는 2012년, 2015년, 2019년 서울 강남에서 팝업스토어 행사를 진행하였다. 인앤아웃이라는 브랜드 홍보는 물론 동시에 불사용에 의하여 상표가 취소되는 것을 방지할 수 있는 바람직한 1석 2조의 전략이라 할 수 있겠다.

상표등록이 끝이 아니다. 상표등록 이후 불사용으로 취소될 위험을 줄이기 위한 지속적인 관리도 함께 이루어져야 한다. 3년의 기간마다 단 한 번이라도 사용에 의한 증거를 만들어 두는 것이 좋겠다. 단 한 번의 사용에 대한 입증만으로도 불사용취소심판의 패소를 면할 수 있기 때문이다. 또한 사용증거를 만드는 것이 어렵다면 상표를 3년마다 재출원하여 불사용 취소심판으로 취소될 가능성을 배제하는 것도 고려해 볼 수 있다.

● **불사용취소심판**

쿠팡과 와우맘,
상표등록 끝이 아니다 2

26

쿠팡이 중소기업인 와우맘을 상대로 불사용취소심판을 청구하여 크게 이슈가 된 적이 있다. 쿠팡은 2020년 9월 와우맘을 화장품 소매업 등으로 상표출원을 했는데, 선행하는 와우맘 상표로 인하여 그해 11월 특허청으로부터 거절의견을 받았고, 이에 해당 상표를 소멸시키기 위하여 불사용취소심판을 제기한 것이다. 이 사건은 중소기업인 와우맘이 상표사용 증거를 제출하자 쿠팡이 심판을 취하하면서 마무리되었다.

불사용취소심판은 상표등록만 해놓고 사용하고 있지 않은 상표를 정리해서 다른 사람에게 상표사용의 기회를 열어주기 위한 제도이다. 상표권자에게 상표 사용을 촉진하는 한편, 상표의 선출원주의를 보완하기 위한 것이다.

상표는 선출원주의로서 먼저 특허청에 상표의 등록을 신청한 자가 상표권을 획득하게 되고, 이를 독점하게 된다는 것인데, 이처럼 상표를 선점만 하고 사용하지 않는 경우, 타인에게 상표 선택의 제한이 가해지기 때문에 이러한 불사용취소심판제도를 통하여 불사용 상표를 정리하고자 하는 것이다. 즉, 상표

와우맘

[출처_ 특허정보사이트 키프리스]

가 등록되었다고 해서 끝이 아니라, 등록된 상표를 동일성 범위내에서 지속적으로 사용해야 한다는 뜻이다.

상표법 제119조 제1항 제3호에 의하면, 상표권자·전용사용권자 또는 통상사용권자 중 어느 누구도 정당한 이유 없이 등록상표를 그 지정상품에 대하여 취소심판청구일 전 계속하여 3년 이상 국내에서 사용하지 않았을 때에는 누구든지 심판에 의하여 그 상표등록을 취소할 수 있도록 규정하고 있다. 불사용 취소심판의 가장 중요한 이슈는 등록상표의 사용여부이고, 등록상표의 사용시 주의할 점이 바로 등록상표를 동일성 범위내에서 사용하였느냐이다. 이를 위하여 출원시 상표의 선택에 신중해야 한다.

로고와 문자가 결합된 상표를 출원시에는 더욱 신경써야 한다. 보통 상표를 브랜드 업체 등에 맡기면 로고와 함께 문자가 결합된 상표를 받게 된다. 이때 로고와 문자를 결합해서 하나의 출원으로 진행할 수도 있고, 아니면 별도로 로고 따로 문자 따로 출원진행 할 수도 있다.

이에 대한 장단점이 있다. 결합상표를 결합된 상태 그대로 출원하게 되면 비용은 그만큼 절약되지만, 등록 후에 상표 사용시 결합된 상태로 사용해야 한다. 그렇지 않으면 등록상표를 동일성 범위내에서 사용한 것이 아니어서 불사용의 대상이 될 수 있다.

판례는 등록상표가 결합상표이고, 결합상표를 이루는 기호나 문자 또는 도형들이 각기 상표의 요부를 구성하고 있는 경우에 그 중 어느 한 부분만을 상표로 사용하였다 하더라도 이를 들어 등록상표를 동일성 범위에서 정당하게 사용한 것으로 보지 않는다. 즉, 이 경우 불사용취소심판으로 소멸될 수 있다는 것이다. 다만 등록상표의 구성 중 식별력이 없는 부분이 삭제되거나, 한글음역 부분이 삭제된 경우에는 거래통념상 식별표지로서 상표의 동일성을 해치지 않을 정도의 범위내에서 변형된 것으로 본다.

예를 들어 로고+세종대왕+식당을 식당업에 대하여 등록받고, 로고+식당만을 사용하거나 세종대왕+식당만을 사용하는 경우, 상표의 요부라 볼 수 있는 로고나 세종대왕을 삭제하고 사용한 것으로 등록상표의 동일성 범위를 벗어나 불사용의 대상이 된다 할 것이나, 식별력이 없는 식당을 삭제하고 로고+세종대왕만을 사용하는 경우에는 상표의 동일성을 해치지 않을 정도의 범위 내의 것으로 이러한 상표의 사용은 불사용의 대상에서 제외된다고 할 것이다.

반대로 결합상표를 분리하여 각각 상표출원하게 되면 그만큼 비용이 증가하게 되지만, 결합상표를 분리하여 출원하는 것보다 등록 후 사용이 더 자유롭다. 법원은 등록상표에 식별력이 있는 부분을 추가하여 사용한 경우, 서로 분리가 가능하다면 거래통념상 등록상표와 동일하게 볼 수 있는 형태의 상표라고 판결하였고, 등록상표에 식별력이 없는 부분을 추가하여 사용한 경우, 거래 통념상 등록상표와 동일성을 상실한 것으로 보기 어렵다고 판결하였다. 즉, 결합상표를 분리하여 상표등록 받은 이후 다시 결합하여 사용하거나 다른 부분을 결합하여 사용한다 하더라도 등록된 상표의 동일성 범위내로 볼 수 있어 불사용으로 취소되지 않는다.

언제 행해지고 어떻게 진행되는가?

앞선 쿠팡의 사례에서 알 수 있듯이, 보통은 상표출원 후 선행상표로 인한 거절의견을 받고 선행상표를 소멸시키기 위하여 불사용취소심판을 청구하게 된다. 또한 거절의견이 예상되는 경우 미리 불사용취소심판을 청구하여 선행상표를 소멸시킬 수도 있다. 먼저 출원된 자에게 권리를 부여하는 선출원주의를 고려하면 불사용취소심판 진행 중이라고 하더라도 제3자가 불쑥 먼저 상표출원을 진행하여 선점할 수 있다. 따라서 불사용취소심판 청구전에 상표출원을 먼저 진행하는 것이 바람직하다. 한편, 선행하는 상표가 불사용으로 취소되기 전이라고 하더라도 불사용취소심판을 청구했음을 이유로 해당상표의 심사 보류를 신청할 수 있고, 심사 보류를 신청하게 되면 불사용취소심판이 확정되기까지 해당 상표의 심사가 보류된다.

불사용취소심판이 청구되면 등록상표의 사용사실에 대해서는 피청구인인 상표권자 측에서 입증해야 한다. 즉, 불사용취소심판의 청구인은 해당 등록상표가 불사용되고 있다는 주장만 하면 되고, 등록상표가 실제 사용된 사실에 대해서는 상표권자측에서 증거를 통해 적극적으로 입증해야 하는 것이다. 쿠팡 사례에서도 등록상표권자인 와우맘 측에서 상표의 사용 증거를 제출하자 쿠팡 측에서 심판을 취하한 것이다.

출원 후 상표의 변경은 엄격히 제한된다. 따라서 출원상표가 등록이 되면 그대로 등록상표가 되는 것이기 때문에 등록상표의 동일성 범위 내 사용은 출원상표의 동일성 범위내 사용과 연결된다. 즉, 상표출원시 미리 불사용취소심판까지 고려하여 신중하게 상표출원해야 한다는 것이다. 실제 사용하는 상표 또는 사용예정인 상표로 출원진행 하는 것이 바람직하고, 결합상표라면 가능한 분리하여 출원하는 것도 고려함으로써 등록 후 불사용으로 취소되는 것에 대하여 미리 대비하는 것이 좋겠다.

● **손흥민의 상표**

'NOS7' 상표등록 끝이 아니다 3

대한민국을 넘어 아시아 최초로 EPL 득점왕에 오른 손흥민의 일거수 일투족에 많은 축구팬들의 관심이 집중되고 있다. 손흥민이 골든부트를 들고 인천국제공항을 통해 귀국할 때 입은 흰색 티셔츠도 덩달아 많은 관심을 받았다. 곧 런칭할 것으로 예상되는 손흥민의 개인 브랜드 'NOS7'과 관련된 것으로 보인다.

손흥민 이전에 크리스티아누 호날두는 CR7이란 브랜드를 런칭하여 의류, 속옷 등의 상품을 판매하고 있다. 크리스티아누 호날두가 국내에서 CR7이라는 상표를 의류와 의류판매업을 한정하여 상표등록을 받았는데, 이와 다르게 손흥민은 NOS7이라는 상표를 제3류(화장품 등), 제4류(양초 등), 제9류(마우스패드 등), 제14류(시계 등), 제16류(문방구 등), 제18류(가방 등), 제20류(베개 등), 제21류(텀블러 등), 제24류(이불 등), 제25류(의류 등), 제27류(운동용 매트 등), 제30류(빵 등), 제32류(스포츠음료 등), 제35류(스포츠선수 매니저업 등), 제43류(카페업 등) 무려 20개 제품 또는 업종에 출원하였다.

상표등록을 위해서는 상표와 상표가 사용될 품목(상품) 또는 업종(서비스업)이 함께 결정되어야 한다. 상표법에서는 이러한 품목과 업종을 총 45개류로 분류하여 나누어 놓았다. 따라서 상표출원시 45류 중 적어도 하나의 류를 지정하고, 류에 해당하는 품목이나 업종을 선택해서 출원해야 한다. 제1류부터 제34

류까지는 상품에 관한 것이고, 제35류부터 제45류까지는 서비스업에 관한 것으로서, 브랜드를 직접 상품에 부착하는 경우에는 제1류부터 제34류 중 해당하는 상품이 속한 류를 선택하여 출원하고, 간판이나 온라인 사이트 등에 서비스업의 출처로 사용하는 경우에는 제35류부터 제45류 중 해당하는 류를 선택하여 출원하는 것이다.

상표는 선출원주의로서 먼저 출원한 자가 상표등록할 권리를 가져가기 때문에, 상표출원시 현재 사용 준비중이거나 사용중인 분야뿐만 아니라 미래에 확장될 영역에까지 미리 선점해 두는 것이 바람직하다.

손흥민의 20개의 상표출원도 그런 이유로 해석될 수 있겠다. 그렇다고 손흥민이 상술한 20개의 제품이나 업종 모두에 실제 상표를 사용할 가능성은 적다. 아무리 손흥민의 인지도가 뛰어나고 NOS7의 브랜드가 가치가 있다고 하더라도 제품이나 업종을 불문하고 모든 분야에서 인기를 끌기는 거의 불가능에 가깝기 때문이다. 그럼에도 불구하고 이렇게 다양한 분야에 상표출원을 해 둠으로써, 제3자 상표등록을 미리 막고 브랜드를 지속적으로 널리 알리면서 상표의 희소성 있는 이미지와 특별한 식별력을 형성하는데 도움이 될 수 있다.

한편, 손흥민이 출원한 상표인 NOS7과 손흥민이 입은 티셔츠에 새겨진 상표가 동일하지는 않았다. 손흥민이 입은 티셔

□ 등록 🅜 [15] NOS7

NOS7

상품분류 : 20
출원(국제등록)번호 : 4020220002647
등록번호 : 4020372080000
출원공고번호 : 4020230049570
도형코드 :
최종권리자 : 주식회사 엔오에스세븐

출원인 : 주식회사 엔오에스세븐
출원(국제등록)일자 : 2022.01.05
등록일자 : 2023.06.14
출원공고일자 : 2023.03.15
대리인 : 이소정

[출처_ 특허정보사이트 키프리스]

츠에 새겨진 NOS 뒤에 붙은 표시는 7이 아닌 어포스트로피처럼 읽힌다. 손흥민이 NOS7을 출원한 시점은 2022년 1월 5일, 그리고 손흥민이 귀국한 날은 2022년 5월 24일. 그 사이 상표 디자인이 변경된 것으로 보인다.

　이러한 동일성 이슈는 상표의 불사용 문제로 이어질 수 있다. 상표법 제119조 제1항 제3호, 제3항에 의하면, 상표권자 · 전용사용권자 또는 통상사용권자 중 어느 누구도 정당한 이유 없이 등록상표를 그 지정상품에 대하여 취소심판청구일 전 계속하여 3년 이상 국내에서 사용하지 않았을 때에는 심판에 의하여 그 상표등록을 취소하도록 규정되어 있다. 불사용취소 심판은 등록만 해 놓고 사용하고 있지 않은 상표를 정리해서 타인에게 해당 상표의 사용의 기회를 열어주기 위한 제도로서 상표권자에게 상표 사용을 촉진하는 한편, 사용하지 않는 상표는 타인에게 선택의 기회를 제공하여 상표의 선출원주의를 보완할 수 있다.

여기에서 등록상표를 그 지정상품에 사용하는 경우라 함은 등록상표와 동일한 상표를 사용한 경우를 말하고, 동일한 상표 라고 함은 등록상표 그 자체뿐만 아니라 거래 사회통념상 등록 상표와 동일하게 볼 수 있는 형태의 상표를 포함하나, 유사상 표를 사용한 경우는 포함되지 않는다. 위 사용에는 등록된 상 표와 동일한 상표를 사용하는 경우는 물론 거래통념상 식별표 지로서 상표의 동일성을 해치지 않을 정도로 변형하여 사용하 는 경우도 포함한다.

최근 법원은 등록상표의 각 구성 부분의 위치가 약간 변경 되었거나, 또는 색상이나 글자체가 다소 다르더라도 거래사회 의 통념상 동일성이 인정되는 상표의 사용에 해당한다고 판결 하고 있다. 하지만 등록상표의 구성 중 요부로 볼 수 있는 부분 이 결여되어 있거나 그 변형의 정도가 큰 경우에는 거래통념상 동일성이 인정되는 상표라고 할 수 없다고 판결하고 있다.

손흥민의 티셔츠에 새겨진 상표 또한 'NOS7'이 아닌 'NOS 어포스트로피'로 읽힐 가능성이 높게 보이는 바 손흥민이 출원 한 상표와 동일성을 벗어난 것으로 보인다. 결국 현재 특허청 에 출원된 상표가 등록되고, 손흥민 티셔츠에 새겨진 상표로 실제 사용이 된다면 불사용 이슈가 발생할 수 밖에 없다. NOS7 은 불사용으로 취소될 수 있고, 실제 사용 상표에 대한 상표권

□ 출원 [21] NOS7

상품분류 : 25
출원(국제등록)번호 : 4020220104765
등록번호 :
출원공고번호 :
도형코드 : 241701 270508 27071···
최종권리자 :

출원인 : 주식회사 엔오에스세븐
출원(국제등록)일자 : 2022.06.07
등록일자 :
출원공고일자 :
대리인 : 이소정

[출처_ 특허정보사이트 키프리스]

이 확보되지 않은 상태에서의 사용일 수 있다.

결국 상표를 출원할 때는 실제 사용상표를 출원하는 것이 바람직하다. 상표가 변경될 가능성이 있다면 동일성 범위 내인지를 판단해보고, 동일성을 벗어나는 경우라면 실제 사용상표에 대한 별도의 상표출원을 통해 사용상표를 보호해야 한다.

현재 손흥민은 NOS어포스트로피의 상표를 재출원 하였다. 불사용취소심판을 고려했을 때 바람직한 상표출원이라 하겠다.

PART

4

상표에 대한 권리도
아는 만큼…

28_ 상표 식별력 상실

29_ 핑크퐁 · 까스명수

30_ 아파트 브랜드

31_ Supreme

32_ 갈비구이

33_ 상표와 디자인 1

34_ 상표와 디자인 2

35_ 구제방법

36_ 우리나라 상표법

'젓갈소믈리에'는 누구나 사용해야 한다

28

최근 '젓갈소믈리에'라는 등록상표가 특허청의 특허심판원으로부터 무효가 되어야 한다는 심결이 있었다. '젓갈소믈리에'는 현재 민간자격증의 일종으로 사용되고 있고, 다수의 언론이나 인터넷 매체, 교과서 등에서 젓갈 전문가의 의미로 사용되고 관념화 되었으므로 '젓갈소믈리에'라는 상표는 식별력을 상실하여 무효로 되어야 한다고 판단한 것이다.

'젓갈소믈리에'는 2012년 초 교수업이나, 세미나진행업, 또는 행사개최대행업 등을 지정하여 상표등록 받았다. 그 당시만하더라도 소믈리에와는 다르게 '젓갈소믈리에'라는 단어는 일

주   문

1. 서비스표등록 제225062호는 그 등록을 무효로 한다.

2. 심판비용은 피청구인이 부담한다.

청 구 취 지

주문과 같다.

이   유

1. 이 사건 등록서비스표

  가. 등록번호/출원일/등록일/등록결정일/갱신등록일 : 서비스표등록 제225062호/2010. 3. 24./2012. 1. 19./2011. 11. 23./2022. 1. 19.

  나. 표 장 : **젓갈소믈리에**

[젓갈소믈리에 무효 심결문 일부 / 출처_ 특허정보사이트 키프리스]

반소비자들에게 생경한 단어였으며 특허청도 이를 인정하여 상표등록을 허여하였다.

그런데 최근에는 소믈리에가 다양한 단어와 결합하여 그 의미가 점차 확장되어 일정한 일을 하는 데 필요한 조건이나 능력을 가진 전문가의 의미로 사용되고 있다. 채소소믈리에, 사케 소믈리에, 담배소믈리에, 막걸리소믈리에, 그 외에도 김치소믈리에, 책을 골라주는 북소믈리에 등 새로운 소믈리에 영역이 속속 등장하였다. 젓갈소믈리에도 현재 젓갈의 제조, 생산, 저장, 감별, 새로운 젓갈 개발 등의 전문가를 칭하는 것으로 사용되고 있고, 이러한 점이 반영되어 등록상표가 소멸되어야 한다는 심결이 있었던 것이다.

상표가 등록된 이후에도 여러가지 사유로 그 권리가 소멸할 수 있다. 등록된 이후 3년 동안 사용하고 있지 않아 불사용으로 취소될 수도 있고, 부정한 목적을 가지고 유사한 상표를 모방 사용함으로써 부정사용으로 취소될 수도 있으며, 등록된

[출처_ 특허정보사이트 키프리스]

상표가 후발적으로 식별력을 상실해서 무효가 될 수도 있다. 젓갈소믈리에 사건은 등록된 상표가 상표 소유자의 의도와 다르게 일반소비자 사이에서 상표로서 기능하지 못하고 제품이나 서비스의 일반명칭으로 인식되어 상표 소멸에 이르게 된 케이스다.

이처럼 등록상표가 후발적으로 보통명칭화 되는 등 식별력을 상실한 대표적인 사건이 있다. 초코파이와 불닭이 그 예이다. 원래 초코파이는 1974년 오리온이 처음으로 창작하여 원형으로 된 빵에 초코렛을 바른 제품에 사용하기 시작하였고, 그 해 상표출원하여 등록까지 받았다. 하지만 제품에 '초코파이'를 독자적으로 사용한 것이 아닌 오리온을 내세워 '오리온 초코파이'로만 사용하였고, 경쟁업체인 롯데, 크라운, 해태 등이 초코파이 표장을 상품명으로 광범위하게 사용하는 것을 방치하였다. 결국 초코파이가 해당 상품에 대하여 보통명칭화되어 롯데든 해태든 누구나 사용할 수 있게 되었다.

불닭 또한 2001년 상표등록 이후, 신문이나 TV에서도 매운 맛의 닭고기 일종으로 사용되고 있으며, 국립국어원의 신조어사전이나 백과사전 등에 등재되었고, 다수의 소비자가 이를 상표가 아닌 상품이나 서비스의 일반명칭으로 인식하고 있다. 한때 등록상표로서 상표권자만이 사용할 수 있었던 불닭이 현재는 식별력을 상실하여 누구나 사용할 수 있게 되었다.

그 밖에도, '플로피 디스크'를 뜻하는 '디스켓'도 원래는 3M이 'Disk'에 어미 'ette'를 붙여 작은 디스크라는 뜻으로 만든 'Diskette'상표였다. 크로스핏도 크로스핏 LLC가 운동의 한 종류에 붙인 상표이었으며, 굴착기의 포크레인은 포클랭이라는 프랑스의 굴착기 회사 이름이었고, 고체풀인 딱풀은 아모스의 상표, 소형 승합차인 봉고도 기아의 상표, 막대형 아이스크림의 하드는 삼강하드에서 유래됐다. 나아가 엘리베이터와 에스컬레이터 또한 오티스 엘리베이터의 상표가 보통명사로 전환된 경우이다.

상표가 후발적으로 제품의 보통명칭이나 관용명칭 등으로 전환되는 등의 식별력을 상실하게 된 경우, 타인이 그와 동일 유사한 상표를 사용하는 것을 막을 수 없다. 다시말해 등록된 상표라도 이후 식별력을 상실하여 무효가 되게 되면 누구든 당해 상표를 사용할 수 있게 된다.

이에 상표가 등록된 이후 식별력을 상실하거나 무효가 되는 것을 방지하기 위하여 어떻게 관리하고 노력해야 하는 것이 좋을지 살펴본다.

우선 상표 사용시 상표적 사용을 표시하는 'TM'(Trademark의 줄임말)을 붙이거나 등록된 상표를 표시하는 'Ⓡ'(Registered의 줄임말)을 부기하여 사용하는 것이 바람직하다. 다시 말해, 해당 상표가 제품의 명칭이나 제품의 성질을 표시하는 것이 아닌 해당 제품의 상표로서 상표적으로 사용되고 있음을 알리는 노력이 있어야 한다.

또한, 상표를 상품명과 병기하여 사용하는 것도 필요하다. 예를 들어 '스타일러' 의류건조기, '딤채' 김치냉장고처럼 사용하는 것이 좋다. 이처럼 상품명과 상표를 병기함으로써 해당 상표가 상품의 명칭과 분리되어 더욱 더 상표로서 기능함이 강조될 수 있다.

마지막으로, 해당 상표를 무단으로 사용하는 타인에 대해서는 침해경고나 사용금지 등의 권리행사가 필요하다. 나아가 신조어사전이나, 백과사전, 인터넷 사전 등에 일반명칭으로 등재되는 것도 늘 감시하여야 한다.

이와 같은 철저한 상표관리를 통하여 등록상표가 보통명칭화되는 것을 방지해야 국가가 상표권자에게 부여한 독점적인 상표사용 권리를 지속적으로 누릴 수 있는 것이다.

● **핑크퐁 · 까스명수**

삼성출판사 · 삼성제약,
삼성전자 관련 기업?

제약업계나 출판업계 종사자라면 서로 관련없는 회사라는 것을 잘 알겠지만 일반인에게는 그렇지 않을 수 있다. 아마도 많은 사람들은 삼성출판사나 삼성제약은 삼성그룹의 계열사 또는 삼성그룹과 어떤 연관이 있는 회사로 오인하고 있을 가능성이 높다.

삼성출판사는 김봉규 명예회장이 1964년에 설립한 대한민국의 출판사이다. 핑크퐁, 아기상어 등으로 유명한 더핑크퐁컴퍼니의 상당 지분을 보유하고 있으며, 더핑크퐁컴퍼니를 운영하는 김민석 대표가 김봉규 명예회장의 손주에 해당한다. 삼성그룹과는 이름만 동일하고 전혀 무관한 회사이다. 한자로도 삼성그룹의 삼성은 三星이고 삼성출판사의 삼성은 한자로 三省이다.

삼성제약도 삼성이라는 이름을 사용하지만 삼성그룹과 아무런 관련이 없다. 삼성제약은 1929년에설립된 대한민국의 제약회사이다. 고 이병철 회장이 삼성상회를 설립한 1938년보다 무려 9년이나 앞선다. 즉 삼성제약은 삼성그룹보다 먼저 '삼성'

[출처_ 삼성출판사 핑크퐁 홈페이지]

[출처_ 삼성제약 홈페이지]

이라는 브랜드를 사용해 의약품을 제조해 오고 있다. 대표적인
주력 상품으로 까스명수, 쓸기담, 우황청심원, 에프킬라 등이
있다.

이처럼 삼성출판사와 삼성제약 모두 삼성그룹과는 무관하
지만, 상표권의 등록에 있어서는 서로 다른 판단을 받았다. 삼
성그룹의 선행 상표로 인하여 삼성출판사의 상표는 거절되었지
만, 삼성그룹의 선행상표에도 불구하고 삼성제약의 상표는 등
록되었다.

삼성출판사의 서적(제16류)이나 전자서적(제9류)에 관한 상표
출원은 모두 삼성그룹의 선행 등록된 삼성 상표에 의하여 상표
등록이 거절되었다. 삼성출판사의 상표가 등록되어 사용된다면
삼성그룹의 삼성 상표와 오인 혼동이 발생될 가능성이 크다는
이유 때문이다.

반면 삼성제약은 의약품(제5류) 등에 대하여 상표등록을 받
았다.

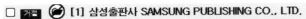

☐ 거절 🌀 [1] 삼성출판사 SAMSUNG PUBLISHING CO., LTD.

상품분류 : 16	출원인 : (주)삼성출판사
출원(국제등록)번호 : 4020100018625	출원(국제등록)일자 : 2010.04.08
등록번호 :	등록일자 :
출원공고번호 :	출원공고일자 :
도형코드 :	대리인 : 특허법인아이엠
최종권리자 :	

[출처_ 특허정보사이트 키프리스]

□ 등록 (★) [1] 삼성제약 SAMSUNG PHARM SINCE 1929   심판

상품분류 : 05
출원(국제등록)번호 : 4020150019504
등록번호 : 4013754980000
출원공고번호 : 4020150088243
도형코드 :
최종권리자 : 삼성제약 주식회사

출원인 : 삼성제약 주식회사
출원(국제등록)일자 : 2015.03.17
등록일자 : 2018.07.06
출원공고일자 : 2015.08.27
대리인 : 이만쨰 특허법인 남앤남

[출처_ 특허정보사이트 키프리스]

　　2015년 삼성제약은 위의 상표를 특허청에 신청하였다. 심사과정에서 삼성그룹 측의 끊임없는 문제제기로 인하여 무려 3년에 가까운 시간이 소요되었지만 결국 2018년 최종 등록되었다. 삼성그룹은 바이오제약 제조사업을 위한 삼성 바이오로직스를 설립하면서 삼성제약의 상표등록을 적극적으로 저지하기 위한 것으로 보인다.

　　등록 이후에도 삼성그룹 측은 삼성제약을 상대로 저명한 삼성그룹의 상호를 포함하여 구상표법 제7조 제1항 제6호에 해당하고, 선등록된 삼성그룹의 상표와 유사하여 제7조 제1항 제7호에 해당함을 이유 등으로 하여 무효심판을 제기하였지만 모두 기각되었다. 이어 무효에 대한 기각심결을 취소하고자 특허법원에 심결취소소송을 제기하였지만 이마저도 받아들여지지 않았다(특허법원 2020. 9. 24. 선고 2020허35 판결).

　　삼성출판사는 상표등록이 안되고 삼성제약은 상표등록 된

이유는 무엇일까? 삼성그룹의 삼성이 저명한 상호임에는 부정할 수 없지만, 삼성출판사와는 달리 삼성제약은 삼성그룹보다 먼저 삼성이라는 브랜드를 사용하면서 일반 수요자들에게 널리 알려졌기 때문이다. 삼성제약은 의약품 분야에서 100년 가까이 삼성제약의 명칭을 사용하면서 이를 분리하거나 삼성만의 약칭으로 사용하지 않고 삼성제약을 일체로 사용함으로써 일반수요자에게 삼성이 아닌 삼성제약으로서 널리 알려진 사정이 인정되었다. 그리고 이러한 사실에 기하여 삼성그룹의 삼성과 삼성제약은 일반 수요자에게 있어서 오인 혼동의 가능성이 매우 적다는 것이 판결의 주된 요지이다.

다만 삼성제약의 상표가 등록에 성공했다고 해도 주의해야 할 점이 있다. 등록된 상표인 삼성제약이 아닌 삼성만의 약칭을 사용하는 경우 부정사용에 의한 취소 및 불사용에 위한 취소의 대상의 되어 상표등록이 소멸될 수 있다.

상표법 제73조 제1항 제2호는 상표권자가 고의로 지정상품에 등록상표와 유사한 상표를 사용하거나 지정상품과 유사한 상품에 등록상표 또는 이와 유사한 상표를 사용함으로써 수요자로 하여금 상품의 품질의 오인 또는 타인의 업무에 관련된 상품과의 혼동을 생기게 한 경우를 상표등록의 취소사유로 규정하고 있다. 이는 상표권자가 자신의 등록상표를 그 사용권 범위를 넘어 부정하게 사용하지 못하도록 함으로써 타인의 상표의 신용이나 명성에 편승하려는 행위를 방지하여 거래자와 수요자의 이익보호는 물론 다른 상표를 사용하는 사람의 영업상 신용과 권익도 아울러 보호하고자 함이다.

상표법 제73조 제1항 제3호는 상표권자·전용사용권자 또는 통상사용권자중 어느 누구도 정당한 이유 없이 등록상표를 그 지정상품에 대하여 심판청구일전 계속하여 3년 이상 국내에서 사용하고 있지 않은 경우를 상표등록의 취소사유로 규정하고 있다. 선출원주의를 보완하기 위한 규정으로 상표를 신청하여 등록받은 다음 등록상표와 동일성 범위내 사용하지 않는다면 이를 취소할 수 있도록 함으로써 제3자에게 상표 선택의 기회를 부여하기 위함이다.

상표권자가 등록상표를 사용함에 있어서는 등록된 형상과 동일하게 사용하는 경우 뿐 아니라 이를 일부 변형하여 사용하는 경우도 상당히 존재하는바, 대법원은 "등록상표를 그 지정상품에 사용하는 경우라 함은 등록상표와 동일한 상표를 사용한 경우를 말하고, 동일한 상표라고 함은 등록상표 그 자체뿐만 아니라 거래 사회통념상 등록상표와 동일하게 볼 수 있는 형태의 상표를 포함하나, 유사상표를 사용한 경우는 포함되지 않는다"라고 판시하고 있다.

삼성제약이 등록상표가 아닌 삼성 또는 SAMSUNG 만으로

줄여서 사용하게 된다면 상표법에 의한 부정사용 및 불사용의
대상이 될 수 있다.

삼성제약의 손을 들어준 법원도 삼성제약이 삼성제약을 일
체로 사용하는 경우에 한하여 등록을 허여한 것이지, 분리해서
사용하거나 삼성 또는 SAMSUNG 만으로 약칭해서 사용하는
경우의 상표에 대한 등록을 허여한 것이 아니다.

한편, 상표등록에 실패한 삼성출판사는 회사의 상호로서도
삼성출판사를 사용할 수 없는 것일까? 상호를 제품이나 서비스
업에 대하여 상표적으로 사용하게 된다면 등록된 선행상표의
침해를 구성하게 된다.

하지만 상호를 상표적 사용이 아닌 보통으로 사용하는 방
법으로 표시하여 사용하는 경우에 있어서는 선행 등록 상표의
효력이 제한된다.

따라서 삼성그룹의 선행하는 삼성 상표가 존재하더라도 삼
성출판사가 상표적 사용이 아닌 보통의 상호를 표시하는 방법
으로 상호를 사용하는 한 상표의 침해가 성립되지 않고, 이에
따라 삼성출판사는 이러한 제한 아래 회사의 상호로서 삼성출
판사를 사용할 수 있는 것이다.

둔촌주공아파트 올림픽파크포레온

85개동 1만2,032 세대, 단군 이래 가장 큰 규모로 불리는 둔촌주공아파트 재건축사업. 이 사업으로 만들어지는 새 아파트는 2023년 8월 완공 예정이었지만, 부동산 가격이 폭등하면서 2019년 상반기 예정되었던 일반분양이 미뤄졌다. 이후 시공사업단과 조합의 갈등이 커지면서 현재는 공사중단 사태에 이르렀다. 말도 많고 탈도 많은 이슈 가운데 상표권 이슈도 빼놓을 수 없다.

둔촌주공 재건축조합은 총 상금 8,000만 원을 내걸고 전국민을 대상으로 재건축 아파트 명칭 공모전을 진행했다. 이 공모전을 통해 '올림픽파크 에비뉴포레'로 단지명을 정하고 상표등록도 마쳤다. 여기까지는 무난하게 진행됐다.

그런데 등록된 상표에 올림픽 파크를 추가하면 너무 길어진다는 지적에 조합은 '올림픽 파크 에비뉴포레'에서 '올림픽파크포레'로 단지명을 변경하는 것을 추진한다. 그런데 조합원도

□ 출원 [7] ForeOn Olympic Park

ForeOn Olympic Park	상품분류 : 36
	출원(국제등록)번호 : 4020210257465
	등록번호 :
	출원공고번호 :
	도형코드 :
	최종권리자 :
	출원인 : 둔촌주공아파트주택재건축…
	출원(국제등록)일자 : 2021.12.17
	등록일자 :
	출원공고일자 :
	대리인 : 김정현

[출처_ 특허정보사이트 키프리스]

아니고 조합과 관련도 없는 제3자가 조합보다 먼저 '올림픽파크포레'를 출원했다. 이에 둔촌주공 조합은 단지명의 재변경을 결정하게 된다.

일부 언론과 방송에서 '올림픽파크포레'의 상표출원에 대해 상표 브로커의 알박기라고 언급하고 있지만, '올림픽파크포레'는 그 자체로 등록이 불가해 애초부터 둔촌주공의 상표등록 및 사용에 영향을 줄 수 없었다.

우선 2019년에 이미 '더 파크포레'가 등록이 되어 있었고, 두 상표는 '파크포레'를 공통적으로 포함하고 있기 때문에 서로 유사하게 판단될 가능성이 매우 높았다. 결국 '올림픽파크포레' 상표는 이미 등록된 '더 파크포레' 상표로 인해 처음부터 등록이 불가했던 것이다.

또한 상표법은 올림픽을 포함하는 상표등록을 금지하고 있다. 상표법 제34조 제1항 제1호 다목에 따라 국제올림픽위원회(IOC, International Olympic Committee)의 명칭, 약칭 등과 동일 유사한 상표는 상표등록은 금지된다. 국제적 신뢰관계를 저해할 우려가 있기 때문인데 이에 따라 올림픽 또는 Olympic을 포함하는 상표는 원칙적으로 상표등록이 어렵다.

즉, 상품이나 서비스업 무관하게 올림픽 또는 Olympic을 포함하는 모든 상표는 심사단계에서 거절된다.

더욱이 국제올림픽위원회(출원인 꼬미떼 앵떼르나씨오날 올림삐끄:

Comité International Olympique)는 올림픽을 포함하는 상표를 원천적으로 차단하기 위해 제1류부터 제45류 전류에 이르는 상품 및 서비스에 'OLYMPIC' 상표를 등록해 놓았다. 누구도 올림픽 또는 Olympic을 포함하는 상표의 등록을 허락하지 않겠다는 강한 의지를 엿볼 수 있다.

다만 일부 아파트의 이름으로 올림픽이 사용되고 있는데, IOC가 이에 대하여 특별한 제재를 가하지는 않고 있다. 등록은 막되 사용은 허용하고 있는 상태로 볼 수 있다.

한편 한 가지 예외적으로 올림픽 또는 Olympic을 포함하는 상표의 등록이 가능한 경우가 있는데 바로 업무표장인 경우다.

업무표장은 영리가 아닌 비영리 업무에 상표를 사용하는 경우인데, 지방자치단체, 공공기관, 공사, 협회 등이나 각종 사업명, 박람회, 캠페인 등에서 비영리 업무를 지정하면서 상표 출원을 하게 되면 올림픽 또는 Olympic을 포함하는 상표라도 등록이 가능하다.

결국 둔촌주공아파트의 '올림픽파크포레'가 비영리표장인 아닌 한 브로커의 상표출원 때문이 아니라, 이미 등록된 '더파크포레'의 상표, 상표법 제34조 제1항 제1호 다목 그리고 IOC의 등록상표로 인해 애초부터 상표등록은 요원했고, 아파트 명

| 상세정보 | 출원공고 🖺 | 등록공고 🖺 | 등록사항 | 통합행정정보 |

| 서지정보 | 인명정보 | 도형분류(비엔나)코드 | 행정처리 | 상품설명/지정상품 |

(511) 상품분류	11판	01 02 03 05 07 09 10 11 12 14 16 17 18 19 21 25 28 32 35 36 37 38 39 41 42 43 44	다운로드 ⬇	크게보기 🔍
(111) 국제등록번호(일자)	1129501(2011.11.08)(2019.06.26)			
(731) 출원인(코드)	Comité International Olympique(728793), 꼬미떼 앵떼르나씨오날 올림삐끄(519986097811),			
(151) 등록일자	2021.02.03		OLYMPIC	
(260) 출원공고번호(일자)	4020200117462(2020.11.19)	전문다운 🖺		
(112) 등록공고번호(일자)	4020210014155(2021.02.10)	전문다운 🖺		
(641) 원출원번호(일자)				
(300) 우선권주장번호(일자)				

[출처_ 특허정보사이트 키프리스]

칭으로 '올림픽파크포레' 사용 시 등록된 '더파크포레'의 상표권
을 침해하는 이슈 또한 발생할 수 있었던 셈이다.

　이후 둔촌주공 재건축조합은 '올림픽파크 디원(D1)' '올림픽
파크 포레온(Foreon)' '올림픽파크 리세안(Lisean)' '올림픽파크 라힐
스(LaHills)'를 새로운 단지명을 고려했고, 최종적으로 '올림픽파크
포레온'을 새 아파트 이름으로 확정해 상표출원을 진행했다. 하
지만 최종 결정된 상표의 등록도 불가능해 보인다. 조합 측에
서 출원한 상표가 'Olympic'을 포함하고 있기 때문이다. 출원
된 상표에는 'ForeOn'의 하단에 'Olympic Park'를 작은 글씨로
표시하고 있지만, 'Olympic'을 포함하는 사실에는 변함이 없기
때문에 상표법상 거절될 수밖에 없다.

하단의 'Olympic Park'를 제거하고 'ForeOn'만으로 상표를 재출원하는 것이 바람직하다. 다만 올림픽파크를 아파트 이름으로 사용하는 것에 IOC의 실질적인 제재가 없기 때문에, 'ForeOn'만으로 상표등록을 받고, 사용 시에는 'ForeOn' 하단에 올림픽 파크를 붙여서 표시할 수는 있겠다.

아파트 단지명에 펫네임(Pet Name)이 유행하면서 상표권의 중요성은 더욱 높아지고 있다. 펫네임을 결정하기 전에 상표등록 가능성과 사용 가능성을 꼼꼼히 확인하지 않다면 향후 아파트 명칭을 변경해야 하는 상황이 올 수도 있다.

상표 리스크를 최소화하는 것, 아파트 재건축 시장에서 중요하게 챙겨야 할 하나의 중요한 포인트라 할 것이다.

'슈프림' 드디어 한국에

Supreme(슈프림)이 드디어 한국에서도 상표등록 받을 모양이다. Supreme 상표는 그동안 한국에서 식별력이 없다는 이유로 상표등록이 불허되었다. 미국과 유럽에서 이미 등록된 것과 차이가 난다.

식별력이란 자기의 상품과 타인의 상품을 구별하게 해주는 힘을 의미하는데 특정인에게 독점배타적인 권리를 주는 것이 공익상 적합한지 여부를 포함하는 개념으로 사용된다.

Supreme의 영어 뜻을 보면 '최고의' '대단한, 굉장히 좋은' 등의 관념으로 의류 등에 사용시 '의류 등의 성질이나 품질이 매우 좋은, 최고로 좋은' 등의 의미로 읽힐 수 있다. 이렇게 제품의 성질이나 품질을 직접적으로 설명하거나 표시하는 것은 식별력이 없어 상표등록이 거절된다. 이러한 이유로 Supreme이 한국에서 상표등록이 안되다가 최근에 사용에 의한 식별력 취득을 인정받아 최종 상표등록이 얼마 남지 않았다.

[출처_ 슈프림 홈페이지 https://supremenewyork.com]

사용에 의한 식별력 취득이란 본래 식별력이 존재하지 않는 상표라 할지라도 꾸준한 상표 사용에 의하여 일반수요자들이 출처를 인식할 수 있는 단계에 이르러 상표등록이 가능한 수준을 일컫는다.

Supreme도 오랜 기간 의류나 가방 등에 사용함으로써 한국의 소비자들도 이제 Supreme 상표를 보면 미국의 유명한 의류브랜드 제품이라는 것을 인식하는 단계에 이르렀음이 인정된 것이다.

그동안 상표권이 등록되지 않아 한국에서는 많은 짝퉁 Supreme이 팔리고 있었다.

Supreme이 최종 상표등록되게 되면 상표법에 의한 강력한 민형사상 제지가 가능해지고, 이에 따라 짝퉁 Supreme도 상당부분 정리될 수 있을 것으로 보인다.

한편 가방이나 의류 등에 이미 등록된 Supreme 상표가 존재하는데, 이는 등록 당시 미국의 Supreme 상표가 그만큼 일반 수요자 사이에 널리 알려지지 않았을 수 있겠다. 이런 경우 아래와 같이 Supreme에 식별력이 있는 도형이 결합하거나, Supreme을 식별력 있도록 도안화하는 경우 상표등록이 가능하다.

공보

☐ 등록 🐙 [29] Supreme
공보

☐ 등록 🐙 [30] Supreme
공보

[출처_ 특허정보사이트 키프리스]

그런데 미국 브랜드인 Supreme이 최종 상표등록에 성공한다면, 이미 선행하여 등록된 상표와는 어떤 문제가 발생될 수 있을까.

미국 브랜드 Supreme의 상표등록에 앞서 미리 상표등록이 되었다고 하더라도 상표 사용에 있어서 제한이 가해진다. 의류브랜드 Discovery와 유사한 'DICOVERY' 등록상표가 유사상표 사용으로 최종 취소되었고(대법원 2016후663 판결), BTS와 유사한 'B.T.S 비티에스'가 마찬가지 이유로 최종 취소(특허심판원 2019당1209 심결)되었다.

상표법에서는 등록된 상표라고 할지라도 고의로 등록상표와 유사한 상표를 사용하여 수요자에게 상품의 품질을 오인하게 하거나 타인의 업무와 관련된 상품과 혼동을 불러일으키게 하는 경우 상표의 부정사용에 의해 취소될 수 있다.

따라서 미국 브랜드 Supreme에 앞선 슈프림 상표권자도 의도적으로 미국 브랜드 Supreme과 유사하게 사용하게 된다면 상표법상 부정사용에 의한 취소 사유가 될 수 있으니 상표 사용에 주의를 기울여야 하겠다.

'해운대 암소갈비집'의 특별한 사정

1964년 창업하여 60년 가까이 영업 중이며 대표 메뉴로는 생갈비구이와 양념갈비구이, 그리고 감자사리면을 제공하는 해운대 암소갈비집. 최근에는 방송을 통해 이효리 남편 이상순의 외삼촌이 운영하는 것으로도 알려졌다.

해운대 암소갈비집은 '특별한 사정'이 없다면 상표법상 상표등록이 불가하다. 해운대는 행정구역상 부산의 하나의 구에 해당함과 동시에 부산의 대표 관광 명소를 일컫는 말로 상표법상 현저한 지리적 명칭에 해당하고, 암소갈비집은 음식의 재료를 나타내는 것으로 상표법상 상품을 직접 설명하거나 기술하는 것에 해당하여 식별력이 부족하기 때문이다.

그런데 2019년 3월 원조와 무관한 제3자가 서울의 한남동에서 원조를 모방하여 해운대 암소갈비집을 운영하는 사건이 발생했다. 원조의 해운대 암소갈비집이 상표등록 안되어 있는 것을 틈타 원조와 이름도 동일하고 원조와 비슷한 메뉴를 제공한 것이다.

[출처_ 해운대암소갈비집 홈페이지 https://해운대암소갈비.com]

이에 원조는 모방하는 제3자를 상대로 소송을 제기하게 된다. 원조의 상호가 부정경쟁방지 및 영업비밀보호에 관한 법률 (이하 부경법) 제2조 제1호 나목에 의한 국내에서 널리 인식된 타인의 영업임을 표시하는 표지에 해당함을 주장하면서 제3자의 모방행위가 부정경쟁행위에 해당한다는 이유에서이다. 만약 해운대 암소갈비집에 상표권이 존재하였다면 상표등록증을 첨부하여 내용증명을 보냄으로써 매우 간단하게 해결될 수 있는 상황이었지만, 상표권이 존재하지 않으니 부경법을 주장할 수 밖에 없었다.

이 소송의 1심 법원인 서울중앙지법은 해운대 암소갈비집이 국내 널리 인식되지 않아 제3자의 행위가 부정경쟁행위에 해당하지 않는다고 판단하여 원조가 패소하게 된다. 그런데 고등법원에서 판결이 뒤집어 진다. 원조가 55년 이상 영업하였으며, 연매출 100억 원 이상으로 전국의 관광객들이 원조의 식당을 방문한다는 것이 근거가 되었다.

일반적으로 음식점에 대한 부정경쟁행위가 인정되기 위해서 경쟁관계가 존재해야 하기 때문에 음식점 간의 거리가 매우 중요하다. 즉 같은 지역에 위치하거나 서로 근거리에 위치하여 방문자가 겹칠 가능성이 높은 경우 부정경쟁행위가 인정된다.

그런데 이 사건에서 서울의 식당과 부산의 식당은 400km 넘게 떨어져 위치하고 있었지만, 지역에서 성공한 음식점이 서

울에 진출하는 경우가 흔하고, 원조 식당의 방문 손님 중 서울
경기 지역 방문자가 40%에 이르는 점 등이 고려되어 서로 경쟁
관계로 판단되었다.

그리고 드디어 2022년 4월 '해운대 암소갈비집'이 상표등
록에 성공한다. 해운대 암소갈비집은 특허청의 심사단계에서
는 식별력이 없는 것으로 판단되어 등록이 거절되었지만, 이에
불복한 특허심판원의 심판단계에서는 원래는 식별력이 없어 상
표등록을 받을 수 없지만, 오랜 기간 사용에 의하여 수요자들
에게 널리 인식되는 것에 이르러 결국 식별력을 취득한 '특별한
사정'이 존재하여 상표등록을 허락하도록 바뀌었다.

상표법에서는 식별력이 부족한 상표라도 사용에 의하여 일
반 수요자 사이에 널리 알려지게 된다면 예외적으로 상표등록
을 허용하고 있다. LG, SK 등은 간단한 표장에 해당하여 원래
등록이 불가하고, 서울대학교 등은 서울이라는 현저한 지리적
명칭 및 대학교라는 보통명칭의 결합에 의하여 식별력이 부족
하지만, 오랜 기간 사용으로 지금은 출처가 어디인지 분명하므

□ 등록 🏅 [3] 해운대암소갈비집

해운대암소갈비집
상품분류 : 43
출원(국제등록)번호 : 4020190054765
등록번호 : 4018556760000
출원공고번호 : 4020220000897
도형코드 :
최종권리자 : 주식회사 해운대암소갈비집

출원인 : 주식회사 해운대암소갈비집
출원(국제등록)일자 : 2019.04.09
등록일자 : 2022.04.11
출원공고일자 : 2022.01.05
대리인 : 특허법인 광장리앤고

[출처_ 특허정보사이트 키프리스]

로 이에 대한 식별력을 인정해주는 것이다.

다만, 사용에 의한 식별력 인정시 종래에는 상표권이 발생하게 되면 대한민국 전역에 그 효력이 미치므로 사용에 의한 식별력 취득을 인정하기 위해서 전국적 인지도를 요구하였다. 그래서 사용에 의한 식별력 취득이 용이하지 않았다.

하지만 최근 사용에 의한 식별력 취득 요건이 완화되었다. 전국적 인지도보다는 낮은 수준의 인지도라고 할지라도 꽤 알려져 있다면 상표등록을 허용하고 있는 것이다. 제주에 위치한 '초콜릿박물관'도 박물관에 대하여 초콜릿 관련 박물관으로 식별력이 부족하였고, 재능교육의 '스스로'도 교육업 등에 대하여 스스로 하는 학습법이라는 의미로 식별력을 인정받기 어려웠지만 두 케이스 모두 오랜 기간 사용에 의하여 수요자에게 출처가 어디인지를 인식하게 함으로써 상표등록에 성공하게 되었다.

실무적으로는 식별력이 부족한 문자상표의 경우, 로고 등과 결합하여 우선 상표등록 받은 다음 오랜 기간 등록상표를 사용하면서 문자상표의 식별력을 취득하는 방법도 많이 사용되고 있다. 결국 이제는 특별한 사정에 관한 조건이 완화된 만큼 식별력이 부족하더라도 사용에 의한 식별력 취득을 통하여 상표를 독점할 수 있는 방법을 충분히 고려해 볼 만하다.

버버리 디자인도 상표라고?

33

2023년 버버리 체크무늬 교복의 사용이 금지되었다. 버버리측에서 버버리 체크무늬 사용은 버버리의 상표를 침해한다는 주장을 제기하였고, 이것이 받아들여진 것이다. 버버리는 이전에도 닥스의 체크무늬에 대해서도 상표 침해소송을 제기하여 승소한 이력이 있다.

교복의 버버리 체크무늬나 닥스의 체크무늬는 옷의 디자인에 해당되는데, 어떻게 옷의 디자인이 버버리 디자인이 아닌 버버리 상표를 침해하게 되는 것일까.

기본적으로 상표는 자기의 상품이나 서비스를 타인의 상품이나 서비스와 구별하기 위하여 사용하는 표장으로서 자타상품 출처표시 기능과 품질보증 기능을 주요기능으로 하고 있다. 반면 디자인은 물품의 독창적이고 장식적인 외관 즉, 물품의 형상, 모양, 색 또는 이들이 결합한 것을 보호하기 위한 것으로서 상표와 차이가 난다.

하지만 상표를 디자인처럼 사용하거나 디자인을 상표적으로 사용하는 경우가 발생할 수 있고, 이 경우 상표법의 적용을 받을지가 문제될 수 있다. 버버리의 체크무늬는 장식적인 디자인으로서 옷이라는 물품에 심미감을 부여할 수도 있고, 한편으로는 버버리라는 옷을 제작한 제조사의 출처를 나타내는 기능을 할 수도 있다. 즉, 교복의 버버리 체크무늬는 우선 교복의 디자인에 해당되면서 한편으로 교복의 상표에도 해당될 수도 있는 것이다.

이렇게 상표와 디자인의 관계에 관하여 대법원은 "디자인
과 상표는 배타적, 선택적인 관계에 있는 것이 아니므로 디자
인이 될 수 있는 형상이나 모양이라고 하더라도 그것이 상표의
본질적인 기능이라 할 수 있는 자타상품의 출처표시를 위하여
사용되는 것으로 볼 수 있는 경우에는 위 사용은 상표로서의 사
용이라고 보아야 한다(대법원 2009. 5. 14 선고 2009후665 판결)."고 판시
하여, 디자인의 경우에도 상표로서 기능할 수 있음을 지적하고
있다.

디자인이라도 해당 디자인을 보고 해당 디자인이 적용된
제품의 출처를 나타내어 상표로서 사용된다면 상표적 사용이

☐ 등록 🔘 [70] (상표명 정보 없음)

상품분류 : 18 25
출원(국제등록)번호 : 5620080010269
등록번호 : 4004178260000
출원공고번호 :
도형코드 : 250704
최종권리자 : 버버리 리미티드

출원인 : 버버리 리미티드
출원(국제등록)일자 : 2008.04.25
등록일자 : 2008.08.04
출원공고일자 :
대리인 : 양영준 위혜숙

☐ 등록 🔘 [185] BURBERRYS

상품분류 : 18 25
출원(국제등록)번호 : 4019950007638
등록번호 : 4003518580000
출원공고번호 : 4019960017518
도형코드 : 260409 260424
최종권리자 : 버버리 리미티드

출원인 : 버버리 리미티드
출원(국제등록)일자 : 1995.03.03
등록일자 : 1996.12.20
출원공고일자 : 1996.07.27
대리인 : 이병호 최달용

[출처_ 특허정보사이트 키프리스]

될 수 있고, 이 경우 타인의 상표권 침해문제가 발생될 수 있는 것이다. 이러한 이유로 버버리도 버버리 체크무늬에 대하여 국내에서 상표권을 확보하고 있다.

루이뷔통도 아래와 같은 디자인을 상표로 등록하여 상표권을 확보하고 있으며, 리복의 경우도 운동화의 독특한 디자인을 갖는 밑창을 상표로 확보하고 있음을 확인할 수 있다.

버버리 체크무늬, 루이뷔통의 디자인, 리복의 밑창 등은 모두 해당 제품의 디자인으로서 기능을 하고 디자인보호법에 의해서도 보호받을 수 있다. 그럼에도 불구하고 버버리 체크무늬 교복 사건에서 알 수 있듯이, 이러한 디자인 모방이 디자인 침해가 아닌 상표 침해가 이슈가 된 이유가 있다.

디자인의 존속기간은 디자인 출원일로부터 20년으로서 이 기간이 지나면 더 이상 권리행사가 불가능하게 된다. 상표의 존속기간은 10년이지만, 10년마다 갱신을 통하여 영구적으로 상표권을 존속시킬 수 있다.

버버리 체크무늬의 경우 이미 오래전 공개되었고, 등록된 디자인권리 또한 존속기간이 만료되어 소멸될 수밖에 없다. 이와 다르게 상표는 상표의 존속기간 갱신을 통하여 과거부터 현재, 그리고 미래에까지 그 권리가 존속할 수 있다. 이러한 이유로 버버리 체크무늬 교복이 디자인권이 아닌 상표권 침해의 문

☐ 등록 🏛 [3] (상표명 정보 없음)

상품분류 : 09 14 18 25
출원(국제등록)번호 : 1580030
등록번호 :
출원공고번호 : 4020220074449
도형코드 : 050520 260115 26041···
최종권리자 : LOUIS VUITTON MALLETIER

출원인 : 루이비통 말레띠에 LOUIS VUITTON MALLETIER
출원(국제등록)일자 : 2020.12.09
등록일자 : 2022.09.13
출원공고일자 : 2022.06.28
대리인 : 조태연

☐ 등록 🏛 [1] (상표명 정보 없음)

상품분류 : 25
출원(국제등록)번호 : 4020110009554
등록번호 : 4009034540000
출원공고번호 : 4020110085033
도형코드 : 261101 261113
최종권리자 : 리복인터내쇼날리미티드

출원인 : 리복인터내쇼날리미티드
출원(국제등록)일자 : 2011.02.24
등록일자 : 2012.02.08
출원공고일자 : 2011.11.16
대리인 : 특허법인(유)화우

[출처_ 특허정보사이트 키프리스]

제가 발생된 것이다.

　다만 모든 디자인이 상표적인 기능을 하는 것이 아니다. 따라서 디자인이 디자인만으로 기능하는 경우라면 반드시 디자인 권리를 확보해야 한다. 나아가 디자인이 디자인을 넘어 상표적으로 기능하거나 그러할 가능성이 존재하는 경우라면 상표의 등록도 고려하여 다각적인 보호를 해 두는 것이 바람직하다.

오징어 게임

34

[출처_ 넷플릭스 오징어 게임]

2021년 넷플릭스 드라마 오징어 게임이 세계적으로 열풍이었다. 넷플릭스 전 세계 TV 프로그램 부문에서 1위를 기록하였으며, 최단기간 1억 구독 가구가 시청했다고 한다.

넷플릭스 최고경영자인 서랜도스는 "'오징어 게임'은 영어권 드라마를 포함해 역대 가장 인기가 높은 프로그램이 될 것"이라고 전망하기도 했다.

이처럼 하나의 드라마가 큰 인기를 얻게 되면 인기에 편승하여 드라마의 제목이나, 드라마에 등장한 의상이나 소품들을 모방하여 상업적으로 이익을 보려는 사람들이 등장한다.

드라마의 제목, 드라마 속에 등장한 인기 소품 등은 누군가의 노력에 의하여 선택되고 창작되고 표현됨으로써 무형의 재산적 가치가 탄생한 것이다. 따라서 이것이 무분별하게 모방되는 것을 막고 원권리자의 지식재산을 보호할 필요가 있겠다. 이에 오징어 게임과 관련된 지식재산권에 대하여 살펴보겠다.

☐ **등록** [5] 오징어 게임

오징어 게임	상품분류 : 41 출원(국제등록)번호 : 4020190135332 등록번호 : 4016518760000 출원공고번호 : 4020200067171 도형코드 : 최종권리자 : 넷플릭스 스튜디오스, 엘엘씨

출원인 : 넷플릭스 스튜디오스, 엘엘씨
출원(국제등록)일자 : 2019.08.30
등록일자 : 2020.10.14
출원공고일자 : 2020.07.10
대리인 : 양영준 권남연 이길상

☐ **출원** [6] SQUID GAME

SQUID GAME	상품분류 : 03 14 24 30 ... 출원(국제등록)번호 : 4020220074352 등록번호 : 출원공고번호 : 도형코드 : 260103 260301 260405 ... 최종권리자 :

출원인 : 넷플릭스 스튜디오스, 엘엘씨
출원(국제등록)일자 : 2022.04.20
등록일자 :
출원공고일자 :
대리인 : 양영준 권남연 이길상

☐ **출원** [7] SQUID GAME

SQUID GAME	상품분류 : 09 16 18 21 ... 출원(국제등록)번호 : 4020210209795 등록번호 : 출원공고번호 : 도형코드 : 260103 260301 260405 ... 최종권리자 :

출원인 : 넷플릭스 스튜디오스, 엘엘씨
출원(국제등록)일자 : 2021.10.15
등록일자 :
출원공고일자 :
대리인 : 양영준 권남연 이길상

☐ **출원** [8] SQUID GAME

SQUID GAME	상품분류 : 09 16 18 21 ... 출원(국제등록)번호 : 4020210205699 등록번호 : 출원공고번호 : 도형코드 : 최종권리자 :

출원인 : 넷플릭스 스튜디오스, 엘엘씨
출원(국제등록)일자 : 2021.10.08
등록일자 :
출원공고일자 :
대리인 : 양영준 이길상 권남연

☐ **출원** [9] SQUID GAME

SQUID GAME	상품분류 : 03 14 24 30 ... 출원(국제등록)번호 : 4020210219975 등록번호 : 출원공고번호 : 도형코드 : 최종권리자 :

출원인 : 넷플릭스 스튜디오스, 엘엘씨
출원(국제등록)일자 : 2021.10.29
등록일자 :
출원공고일자 :
대리인 : 양영준 권남연 이길상

[출처_ 특허정보사이트 키프리스]

우선 오징어 게임은 너무나 유명한 용어가 되어 누구든 독점하고 싶은 용어가 되었다. 그런데, 오징어 게임의 내용이나 드라마 자체에 대해서 저작권이 존재하는 것과는 별도로 '오징어 게임' 또는 'sqiud game' 용어 자체에는 저작권이 발생하지 않는다. 너무 짧은 단어의 조합일 뿐만 아니라 이미 존재하던 게임의 이름이기 때문이다. 따라서, 인기와 무관하게 누구나 오징어 게임이란 단어를 자유롭게 사용할 수 있는 것이다.

다만, 오징어 게임이 상표등록 된다면, 오징어 게임의 상표적 사용은 제한될 수 있다. 즉, 오징어 게임을 제품이나 서비스업의 표장으로 사용될 때에 상표법에 의하여 보호될 수는 있다. 넷플릭스 스튜디오는 오징어 게임 및 SQUID GAME의 상표를 제9류 CD 등의 제품, 제16류 문방구 등의 제품, 제18류 가방 등의 제품, 제21류 머그컵 등의 제품, 제25류 의류 등의 제품, 제28류 완구류 등의 제품 및 제41류 드라마 TV시리즈 형태의 연예오락업 등에 대하여 상표출원을 하였고 심사 진행 중이거나 특허청으로부터 일부는 등록결정을 받았다. 드라마 제작이나 드라마 공급을 넘어 다양한 굿즈 제품에 오징어 게임 상표를 독점하겠다는 것이다.

이 밖에도 넷플릭스와 무관한 제3자가 제21류, 제25류, 제28류, 제41류 등 다양한 분야에서 오징어 게임의 상표 선점에 나섰다. 이들은 오징어 게임 상표권을 확보할 수 있을까?

먼저 출원한 자에게 상표권을 부여한다는 선출원주의 원칙과 별도로 우리 상표법은 이러한 모방상표의 등록을 제한하고 있다.

상표 심사기준에서는 널리 알려져 일반인들이 유행어처럼 사용하게 된 방송프로그램 명칭이나 영화, 노래의 제목에 대해서 식별력이 없거나(상표법 제33조 제1항 제7호), 식별력이나 명성을 손상시킬 염려 또는 수요자를 기만할 염려가 있음을 이유로 등록을 거절하고 있다(상표법 제34조 제1항 제12호). 따라서 현재 제3자에 의하여 출원된 오징어 게임은 이러한 이유로 등록이 거절될 가능성이 높다.

한편, 참가자들이 입은 트레이닝복이나 관리자들의 복장이나 가면 마스크에 대해서는 어떨까?

트레이닝복과 가면 마스크는 할로윈의 최고 인기있는 코스튬으로 예상되고 있으며 이미 다수의 유사품들이 제작되어 온라인상에서 활발히 판매되고 있다. 이러한 트레이닝복이나 가면 마스크는 디자인제도를 이용하여 보호받을 수 있다.

디자인은 물품의 형상이나 모양 등의 외관에 관한 것이다. 기술이나 기능적인 것은 특허로 보호받는 것이고, 물품의 외관은 디자인으로 보호받을 수 있다.

따라서 관리자의 복장이나 ○, □, △의 가면마스크 또는 참가자들의 트레이닝복에 대하여 디자인권을 신청할 수 있고, 등록된다면 해당 제품에 대한 디자인을 독점적으로 사용할 수 있는 것이다.

이때, 의류나 패션 잡화용품 같은 물품에 대해서는 일부 심사제도에 따라서 빠른 권리확보가 가능하다. 보통의 디자인에 대한 심사기간은 7~8개월이 소요되는 반면, 유행성이 강하여 라이프 사이클이 짧은 의류 등의 물품에 대해서는 대해서는 2-3개월 내의 빠른 심사기간이 적용되게 된다.

최근에는 마스크의 경우 1~2주 만에 등록이 결정된 사례도 다수 존재한다. 이처럼 오징어 게임에 등장한 의류나 소품 등의 경우 빠른 심사 및 디자인권 확보를 통하여 실제 권리행사를 보장받을 수 있게 된다.

한편, 참가자들의 트레이닝복을 살펴보면 어깨에서부터 팔꿈치까지 이어지는 흰색 부분이 주요특징으로 보여진다. 이러한 특징적인 부분을 트레이닝복이 아닌 후드티나 다른 의류에 사용하는 경우까지 독점하고 싶다면, 부분디자인 제도를 활용할 수 있다.

부분디자인 제도를 활용하여 옷의 일부 부분만을 디자인 등록 받게 되면, 전체 디자인은 후드티와 트레이닝복으로서 서로 다를 수 있지만 제품의 일부로서 특징적인 키(key)가 되는 부분이 서로 유사하여 디자인권의 침해가 성립될 수 있는 것이다.

　타인의 모방을 100% 방지할 수는 없다. 다만, 상표권이나 디자인권을 미리 확보하는 것이 제한적으로나마 불필요한 분쟁이나 소비자의 오인 혼동을 줄이면서 원컨텐츠 제작자를 보호하는 최선의 길이겠다.

상표권 침해시 무엇을 할 수 있나

상표가 침해된 경우 상표권자는 어떤 법적인 보호를 받을 수 있을까. 상표권 침해시 침해행위에 대한 손해배상액 청구 등 민사상 제재뿐만 아니라 침해죄의 형사상 처벌도 가능하다.

상표권의 침해행위를 한 자는 형사상 7년 이하의 징역 또는 1억 원 이하의 벌금에 처할 수 있다(상표법 제230조).

형사상 침해죄가 성립하기 위해서는 침해자에게 고의가 있어야 하며, 고의의 성립에는 행위자가 타인의 등록상표임을 인식하면서 그 지정상품과 동일 유사한 상품에 사용할 의사가 있으면 족하다.

상표권자가 등록상표임을 표시하여 사용한 경우에는 침해자의 고의가 추정되는데, 등록상표임을 표시하는 행위란 보통 등록상표 또는 상표등록번호를 직접 표기하거나, 상표에 Registered를 의미하는 ®을 함께 표기하는 경우를 의미한다.

[®은 등록상표에만 표시할 수 있는 반면 TM은 Trademark의 약어로 상표의 등록여부와 무관하게 사용가능하다]

한편, 민사적으로 침해금지나 침해예방을 청구하거나, 손해배상청구권을 피보전권리로 하는 가압류, 침해금지청구권을 피보전권리로 하는 가처분 등을 신청할 수 있으며, 직접 손해배상을 청구할 수도 있다.

민사상 손해배상 청구시 손해배상액을 얼마로 산정할 수 있을까. 즉, 침해자에게 얼마를 청구할 수 있을까.

상표를 침해한 자에게 손해배상액을 청구하기 위해서는 우선 상표권자가 자기의 등록상표를 등록만 하고 사용하고 있지 않으면 안 된다. 즉 상표권자가 등록상표를 지정상품에 실제 사용하고 있어야 한다. 왜냐하면 상표권자가 사용하고 있지 않으면 상표권자의 손해가 발생되었다고 보지 않기 때문이다.

이점에서 실시하지 않더라도 손해배상이 가능한 특허와 차이가 난다. 이때 상표권자가 직접 상표를 사용하고 있지 않더라도 상표의 사용계약을 통하여 사용권자가 등록상표를 사용하고 있다면 상표권자가 그 상표를 사용하였다고 보는 것이 타당하다. 사용권의 설정을 통하여 상표를 간접적으로 사용한 것으로 볼 수 있기 때문이다.

손해배상액의 산정에 있어서, 침해를 받은 자는 일반 손해배상액의 산정과 법정 손해배상액의 산정 중 하나를 선택할 수 있다. 즉, 손해배상액의 산정과 관련하여 일반 손해배상액은 상표법 제109조에서 규정하고, 법정 손해배상액은 제111조에

서 규정하고 있는데, 소를 제기하는 원고는 소송에서 손해배상
액 산정 관련하여 제109조 또는 제111조 중 하나를 선택하여
손해배상액을 청구하는 것이다.

일반 손해배상액 산정 제도는 공평의 원칙에 따라 실제로
침해자로 인하여 발생한 손해를 전보하여 권리자에게 손해가
없었던 것처럼 만들어 주는 것이다.

이를 '실손전보의 원칙'이라 하는데, 손해배상의 인정범위
를 실제 증명되는 손해 즉 실제 발생된 손해에 대해서 인정해주
는 것을 말한다.

다만, 상표권자의 손해가 발생된 것은 인정되나 그 손해액
을 입증하기가 매우 곤란한 경우가 많다.

이런 경우 침해자가 받은 이익액을 손해액으로 추정할 수
도 있고, 상표권에 대한 사용을 허락하고 받을 수 있는 합리적
인 로열티를 손해액으로 추정할 수도 있다.

종래에는 상표 사용에 대한 대가로 받는 금액이 '통상' 받을
수 있는 로열티로 규정되어 있었고, 통상의 로열티는 보통 매
출액의 1~3% 정도의 금액으로 산정되었다. 그런데 최근 '통상'
의 로열티가 '합리적'인 로열티로 바뀌면서 손해배상액의 인정
이 증가할 것으로 기대된다.

참고로 일본의 경우 통상이라는 문구 삭제 후 로열티 인정

율이 3~4%에서 7~10%로 상승하였다.

이와 다르게 법정 손해배상제도는 피해자의 실제 손해에 대한 입증이 없더라도 침해행위가 확정되는 것만으로 법원이 일정 손해배상액을 인정해주는 것이다.

상표법 제111조에 의한 손해배상으로서 원고가 손해를 입증하지 않은 경우라도 피고의 침해가 인정된다면 법원은 상표법에서 정한 일정한 금액 또는 일정한 범위 내에서 원고의 손해액을 인정할 수 있는 것이다.

다만 법정손해배상의 청구가 인정되기 위해서는 일반적인 손해배상청구와 달리 동일성 범위 내의 침해여야 한다.

상표의 침해는 동일성의 범위뿐만 아니라 유사한 영역에서의 사용 또한 일반수요자의 오인 혼동의 가능성 때문에 침해가 성립할 수 있다.

하지만, 법정 손해배상액의 청구는 유사한 상표의 사용이나 유사한 상품에 사용하여 침해가 성립되는 경우에는 인정되지 않으니 법정 손해배상청구를 선택하는 경우에 주의를 하여야 한다.

한편 2020년 10월 20일 상표법 개정을 통하여 법정 손해배상액의 한도를 5,000만 원에서 1억 원으로 상향 조절하였고, 고의 침해시 징벌적 손해배상으로 최대 3억 원까지 법정 손해배상액을 인정할 수 있도록 하였다.

　징벌적 손해배상으로 최대 3배까지 인정되는 것은 일반 손해배상액도 마찬가지이다.

　고의에 의한 상표 침해의 경우 일반 손해배상액으로 인정된 금액의 3배까지 손해배상액을 인정할 수 있게 되었으니 상표 침해시 손해의 구제를 위하여 적극적인 활용을 고려해 볼 필요가 있다.

더 나은 상표 보호를 위하여

우리나라 상표법은 구한말 일제강점기인 1908년 8월 시행된 '대한제국특허령'이 그 효시이며, 대한민국 정부수립 이후 1949년 11월 28일 상표법이 최초의 제정 상표법이다.

최초의 제정 상표법은 사용주의를 근간으로 출발하였으나 1958년 개정을 통하여 등록주의로 전환한 이후 현재까지 운영중에 있다.

등록주의는 상표의 사용여부와 무관하게 특허청에 상표를 등록함으로써 상표에 대한 권리가 발생되는 반면, 사용주의는 특허청 상표등록여부와 무관하게 상표의 사용이라는 사실에 기초하여 상표권이 발생되는 것이다.

즉, 우리나라는 상표를 사용하지 않더라도 상표를 먼저 특허청에 등록하여 선점함으로써 상표에 대한 독점권을 소유할 수 있는 것이다.

서구의 경우 상표법에 대한 기록은 고대로 거슬러 올라간다. 고대 로마인은 포도주 병마개에 삼지창 모양의 표지를 하여 포도주를 판매하였는데, 로마산 포도주의 우수성이 널리 알려지게 되자, 주변 지역 상인이 자신의 포도주에도 동일한 삼지창 모양의 마크를 표시하여 판매하는 것이 문헌상 존재하는 최초의 상표 위조 사례로 알려져 있다.

이후 근대의 상표제도는 1857년 제정된 프랑스 상표법(정식명칭은 제조표 및 상품표에 관한 법률)에서 그 기원을 찾을 수 있으며, 이후 영국, 미국 및 독일 등에서 상표법이 각각 제정 시행되기에 이르렀다.

서구의 상표법은 상거래에 있어 부정경쟁을 방지하고 영업질서를 유지하기 위한 수단으로서 오랜 기간 시장경제의 발달과 함께 발전되어 왔다.

우리나라는 서구 선진국에 비하여 상표법을 도입한 역사도 매우 짧고, 중국의 1,000만 건에 가까운 상표출원 건수에 비할 바는 아니지만, 2013년 상표출원 건수 20만 건을 시작으로 2020년 최초로 30만 건을 돌파하고, 현재 그 수준이 유지되고 있다. 세계 9위 다출원 국가이다. 다만 상표출원이 급증함으로 인한 문제점과 등록주의의 태생적 한계에 대한 논의는 계속되고 있다.

우선 상표출원의 급증으로 인하여 심사처리가 지나치게 지연되고 있다. 불과 3~4년 전만 하더라도 늦어도 8~9개월이면 심사관의 심사결과를 받아볼 수 있었지만, 현재는 적어도 12~15개월이 소요되고 있다. 상표출원이 증가함에 비례하여 상표의 등록여부를 심사하는 심사관의 수가 증가하지 않은 것이 가장 큰 요인일 것이다. 등록주의에 따라서 비즈니스를 시작하기 전에 상표를 등록하는 것이 필수가 되어버렸는데, 상표의 등록을 신청하였지만 그 등록여부는 알 수 없는 상태에서 사업을 진행해야 하는 문제가 계속되고 있다.

심사기간이 길어지다 보니, 심사기간을 단축시킬 수 있는 우선심사를 이용하는 경우 또한 급증하고 있고, 우선심사 이용이 급증하다보니 일반심사의 심사기간은 더욱더 지체되는 악순환이 계속되고 있다. 또한 우선심사 이용시 심사기간이 1개월 전후로 대폭 단축되는 효과가 있지만, 비용을 추가로 지불해야 하는 비용부담 문제도 있다.

상표출원 건수의 증가에 맞추어 심사관의 수를 늘리는 것에 대한 진지한 고민이나, 일반심사와 우선심사 제도의 근본적인 개편에 대한 논의가 필요해 보인다.

한편, 등록주의를 악용하거나 바람직하지 않은 상표 선점을 통하여 거래질서를 왜곡하고, 진정한 권리자의 상표사용을 방해하는 경우가 다수 발생하고 있다.

몇 년 전 펭수가 알려지기 시작한 초창기에 펭수의 상표를 EBS 아닌 타인이 상표출원하여 크게 이슈가 된 적이 있었고,

또 2020년에는 골목식당의 TV 프로를 통하여 '덮죽집'이 소개되었는데, 방송 후 바로 다음날 이 식당과 무관한 제3자가 '덮죽' 상표를 특허청에 신청한 사례가 있었다. 그만큼 등록주의는 타인의 상표 도용의 위험성이 높아질 수밖에 없다.

상표를 무단선점한 경우 상표 사용을 금지 또는 상표 사용에 대한 로열티를 요구할 수 있어, 진정한 권리자의 피해 발생이 우려되고 있다. 이러한 경우를 방지하기 위하여 상표법에서는 도용 상표의 등록을 막는 법조항이 마련되어 있지만, 상표가 매우 널리 알려져야 하거나, 도용한 자의 부정한 목적 등이 입증되어야 하는 등 해당 법조항을 만족시키기 쉽지 않은 실정이다.

나아가 등록주의에 따른 불필요한 상표 선점으로 인한 타인의 상표 선택권이 제한되는 문제점도 있다. 이를 보완하기 위하여 상표법에서는 불사용취소심판 제도를 운영하고 있지만, 이 또한 사회적 자원이 불필요하게 낭비되는 점이 있다. 최근 불사용 취소심판 청구 건이 연평균 2,500여 건에 이르고, 실제 취소되는 비율 또한 실제 80%에 육박하고 있다. 실제로 얼마나 많은 상표들이 사용의사 없이 타인의 상표등록을 막거나 상표 선점의 목적으로 출원되는 방어상표나 저장상표인지를 예측할 수 있다.

등록주의의 경우 권리 안정성과 법적 예측가능성을 확보할 수 있어 상표제도 운영에 필요한 법적 안정성이 확보되는 장점이 있다. 그러나 상표권 부여의 법적 정당성이 부족하고 진정 보호의 가치가 있는 상표가 보호받지 못하는 결과가 초래될 수 있으며, 불필요한 상표 선점으로 인한 폐해 또한 존재한다. 따라서 등록주의의 상표법에 사용주의 제도의 보완이 필요하다.

일례로 미국과 같이 상표등록이나 유지를 위하여 상표 사용 견본 등을 제출하도록 하는 사용주의 제도 등이 고려될 수 있겠다. 그 밖에 우리나라 현실에 맞는 사용주의적인 요소들이 등록주의 근간의 상표법에 조화롭게 반영이 되어 법적 안정성도 유지하면서 진정한 상표권자를 가능한 넓게 보호하고, 부당한 상표 선점도 방지하여 불필요한 사회적 자원의 낭비도 막을 수 있기를 희망해본다.

부록

국내 및 해외
상표출원 절차

● 국내 상표출원 절차

상표와 지정상품을 결정하여 특허청에 상표등록을 신청하는 것을 상표출원(상표등록출원)이라 한다. 상표출원 하게 되면 특허청의 심사관은 대략 12-15개월의 심사기간을 거쳐 상표의 등록여부를 결정하게 된다. 이때 심사관의 판단에 의하여 거절이유가 존재하면 의견제출기회를 부여하고 거절이유가 존재하지 않으면 출원공고 결정을 내린다. 의견제출기회에 대하여 출원인은 상품의 보정이나 의견대응을 통하여 거절이유를 극복할 수 있고, 이 경우 심사관은 출원공고 결정을 내리게 된다. 출원공고 결정을 받은 후 2개월 동안 이의신청을 받게 되고, 이의신청기간이 종료되면 심사관은 등록결정을 한다. 이후 출원인은 등록료를 납부하게 되면 상표등록증을 수령할 수 있다.

상표출원시 상표와 지정상품을 선택하여야 한다.

1. 상표의 선택
상표출원 후 상표의 변경은 엄격하게 제한되니 주의하여야 한다.

상표심사절차

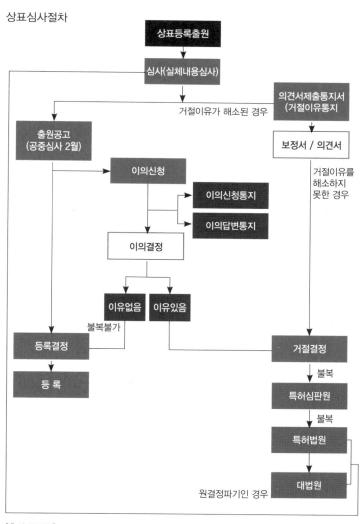

[출처_특허청]

(1) 식별력

상표가 등록되기 위해서는 지정상품에 대하여 해당 상표의 식별력이 인정되어야 한다. 따라서 식별력이 있는 상표의 선택이 우선되어야 한다. 식별력이란 자기의 상품과 타인의 상품을 구별하게 해주는 힘, 즉 자타상품식별력(自他商品 識別力)을 의미하며, 나아가 특정인에게 독점배타적인 권리를 주는 것이 공익상 적합한지 여부 즉 자유사용의 필요성까지 포함하는 개념으로 사용된다.

상표는 식별력의 정도에 따라 보통명칭 표장(generic mark),

구분	보통명칭 표장	기술적 표장	암시적 표장	임의선택 표장	조어(창작) 표장
의미	상품명칭 그 자체	상품의 특성을 직접적으로 설명	상품의 특성을 간접적으로 암시	지정상품과 관계없는 용어를 상표로 선택	없던 용어를 만들어 상표로 사용
예시(지정 상품 '캔디)	CANDY	SWEET	SWEETARTS	PRINCE	HONIVAL
식별력	항상 식별력 없음	(원칙) 식별력 없음 (예외) 사용에 의한 식별력 획득 가능	원래 식별력 있음	원래 식별력 있음	원래 식별력 있음
상표등록 가능성	어떤 경우도 등록 불가	사용에 의한 식별력 획득 시 등록 가능	등록 가능	등록 가능	

[Abercrombie test: 'Safari' 상표를 둘러싼 미국의 'Abercrombie & Fitch사' 와 'Hunting World사'간의 상표분쟁사건 판결에서 제시된 상표의 식별력 판단 방법]

기술적 표장(descriptive mark), 암시적 표장(suggestive mark), 임의선택 표장(arbitrary mark), 조어(창작) 표장(coined or fanciful mark)으로 구분할 수 있다. 보통명칭이나 기술적 표장 등은 상표등록이 제한되지만, 암시적 표장, 임의선택 표장, 조어 표장은 상표등록이 가능하다.

보통명칭이나 기술적 표장 이외에도 현저한 지리적 명칭, 흔이 있는 성이나 명칭, 간단하고 흔히 있는 표장만으로 된 상표 또는 공익상 독점을 불가하는 상표 등은 식별력이 부정되어 상표등록이 불가하다. 이와 같이 그 자체로 식별력이 부족한 경우에는 식별력이 있는 부분을 함께 결합하여 상표등록 받을 수는 있다. 다만 이 경우에도 식별력이 부족한 부분은 여전히 타인의 상표 사용을 배제할 수 있는 것이 아니다.

아래는 삼성전자의 QLED TV 또는 Neo QLED의 상표는

[출처_삼성전자 홈페이지]

모두 식별력이 없어 거절되었지만, 식별력이 있는 부분을 결합하여 상표등록 받은 사례를 나타내고 있다.

(2) 선행상표

식별력이 있는 상표 뿐만 아니라 상표출원이 등록되기 위해서는 먼저 등록된 상표 또는 먼저 출원된 상표와 동일하거나 유사한 상표가 아니어야 한다. 다만, 상표뿐만 아니라 지정상품도 동일 유사한 경우에 한한다. 상표가 유사한데 지정상품이 다르거나, 지정상품이 유사한데 상표가 다른 경우에는 등록이 가능하다.

선행하는 상표가 있는지 여부는 특허정보검색서비스 키프리스(http://www.kipris.or.kr/khome/main.jsp)에서 무료로 조사해볼 수 있다.

[출처_특허정보사이트 키프리스]

상표의 유사여부는 양 상표의 외관, 칭호, 관념을 종합적으로 비교하여 일반수요자 사이에 오인혼동이 발생하는지 여부에 따라 결정하게 된다. 캐릭터나 로고 상표의 경우 외관이 중요하게 작용하고, 텍스트 상표의 경우 호칭이 주요하게 상표유사 여부를 결정하게 된다.

아래 양 상표가 유사하다고 판단한 최신 판례를 소개한다.

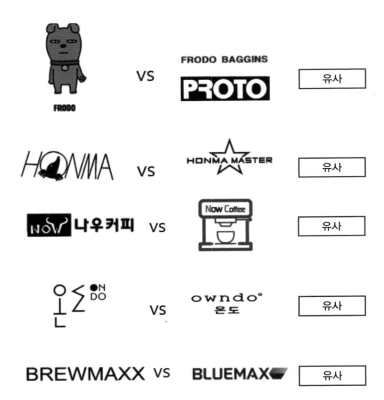

(3) 그 밖에 저명한 타인의 성명이나 저명한 타인의 상표 또
는 부정한 목적의 상표 출원 등은 등록이 거절될 수 있다. 저
명한 타인과 동명이인이라도 저명한 타인의 동의가 없는 한 상
표등록이 거절된다. 다만 예외적으로 저명한 타인이 고인이 된
경우에는 가능하다.

☐ 거절 🖋 [1] 블랙핑크 blackpink

블랙핑크 blackpink

상품분류 : 41
출원(국제등록)번호 : 4020180006732
등록번호 :
출원공고번호 :
도형코드 :
최종권리자 :

출원인 :
출원(국제등록)일자 : 2018.01.16
등록일자 :
출원공고일자 :
대리인 :

☐ 거절 🖋 [1] 윤석열 잔치국수

윤석열 잔치국수

상품분류 : 43
출원(국제등록)번호 : 4020210160274
등록번호 :
출원공고번호 :
도형코드 :
최종권리자 :

출원인 :
출원(국제등록)일자 : 2021.08.03
등록일자 :
출원공고일자 :
대리인 :

☐ 거절 🖋 [1] 문사모(문재인을 사랑하는 사람들의 모임)

상품분류 : 41
출원(국제등록)번호 : 4020170054080
등록번호 :
출원공고번호 :
도형코드 : 011521 241721 251203
최종권리자 :

출원인 :
출원(국제등록)일자 : 2017.04.27
등록일자 :
출원공고일자 :
대리인 :

☐ 거절 🖋 [1] LOUISVUITONDAK

LOUISVUITONDAK

상품분류 : 43
출원(국제등록)번호 : 4120150000766
등록번호 :
출원공고번호 :
도형코드 :
최종권리자 :

출원인 :
출원(국제등록)일자 : 2015.01.07
등록일자 :
출원공고일자 :
대리인 :

☐ 등록 🔊 [5] 신사임당

신사임당

상품분류 : 25
출원(국제등록)번호 : 4020210017563
등록번호 : 4019343230000
출원공고번호 : 4020220076210
도형코드 :
최종권리자 :

출원인 :
출원(국제등록)일자 : 2021.01.26
등록일자 : 2022.11.14
출원공고일자 : 2022.07.04
대리인 :

□ 등록 ⊛ [1] 김광석

김광석

상품분류 : 38 43
출원(국제등록)번호 : 4020200082047
등록번호 : 4020447620000
출원공고번호 : 4020230059966
도형코드 :
최종권리자 :

출원인 :
출원(국제등록)일자 : 2020.05.19
등록일자 : 2023.06.30
출원공고일자 : 2023.04.05
대리인 :

[출처_ 특허정보사이트 키프리스]

2. 상품의 선택

상표 출원 후 지정상품의 감축은 가능하나, 변경이나 확장 또는 류변경은 불가하니 주의하여야 한다.

상품은 NICE 분류에 따라 총 45개류로 구분되어 있고, 이 중 상품은 제1류에서 제34류, 서비스업은 제35류에서 제45류로 나뉜다. 상표출원시 적어도 한 개 이상의 류를 선택하여 상표 출원하여야 한다. 비용은 류마다 특허청에 납부하는 46,000원과 변리사 수수료가 발생하게 된다. 예를들어, 카페업 및 커피에 대한 상표 출원시 카페업은 제43류를 선택하고, 커피는 제30류를 결정하여 상표출원을 진행해야 한다. 이 경우 2개류에 대한 비용이 발생하는 것이다.

1류	공업용 화학품 등	24류	직물 및 직물제품
2류	페인트, 착색제 등	25류	의류, 모자, 신발 등
3류	비누, 화장품, 세제, 치약 등	26류	리본, 단추, 레이스, 액세서리 등
4류	공업용 유, 유지, 연료 등	27류	카펫, 융단, 매트 등
5류	약제, 유아용 식품 등	28류	장난감, 놀이기구, 운동용품
6류	일반금속, 금속제품	29류	가공된 동식물 식품
7류	기계류 상품	30류	식물성 곡물, 아이스크림, 커피, 차
8류	금속주방용품, 수동기구 등	31류	살아있는 동식물
9류	전자서적, 디지털서적, 전자수첩 등	32류	맥주, 광천수, 과실음료
10류	의료기기, 미용기기	33류	알코올 음료
11류	전등, 냉난방기기, 조리용 장치	34류	담배
12류	자동차, 자전거, 유모차	35류	판매업, 매니저업, 온라인종합쇼핑몰업, 광고업
13류	화기, 총포탄, 화약류	36류	기부금모금업, 보험업, 부동산업
14류	귀금속제품, 보석류, 시계 등	37류	건설업, 수선업, 설치업
15류	악기	38류	인터넷방송업, 인터넷상의 콘텐츠 스트리밍 서비스업
16류	서적, 문방구류	39류	운송업, 택배업, 여행대행업
17류	고무, 플라스틱 제품	40류	재료처리업
18류	가죽제품, 가방, 우산, 유아용캐리어	41류	온라인게임서비스업, 온라인전자출판물제공업
19류	건축재료, 타일	42류	인터넷상의 콘텐츠 전송을 위한 플랫폼제공업
20류	가구, 의자, 액자, 거울, 상자 등	43류	레스토랑업, 카페업, 숙박업
21류	주방용품, 도자기 제품	44류	의료서비스업, 병원
22류	로프, 텐트, 끈	45류	기타 서비스업
23류	직물용 실		

[NICE 류구분_세계 공통]

심사단계에서 상품의 유사여부는 유사군코드에 의하여 결정된다. 상품 또는 서비스업의 유사범위를 표시하는 식별기호로 상품은 G(Goods), 서비스업은 S(Services)로 시작되며 총 5~6자리의 문자와 숫자로 구성되어 있다. 예를 들어 커피의 경우 G0502의 유사군코드를 갖고, 인터넷 종합쇼핑몰업의 경우 S2090의 유사군코드를 갖는다.

모든 상품에 대하여 유사군코드를 모두 부여해 놓고, 유사군코드에 따라 상품의 유사여부를 판단함으로써 심사관 자의가 아닌 객관적이며 빠른 심사진행을 도모할 수 있다. 다만, 실제 상표 침해에 대한 분쟁이 발생한 경우 유사군코드에 의하여 상품의 유사여부가 결정되지는 않는다. 이 경우 상품의 유사여부는 상품 자체의 속성인 품질, 형상, 용도와 생산 부문, 판매 부문, 수요자의 범위 등 거래의 실정을 종합적으로 고려하여 일반 거래 통념에 따라서 판단하고 있다.

● 해외 상표출원 절차

산업재산권보호를 위한 파리협약에 의하면 각국 상표 독립의 원칙을 취하고 있기 때문에 국내 특허청에 상표를 등록하는 경우 국내에서만 등록상표로서 보호가 되고 해외에서는 원칙적으로는 보호가 되지 않는다. 따라서 국내에서 출원 또는 등록한 상표를 해외에서 보호받고자 하는 경우에는 보호받고자 하는 외국의 특허청에 상표출원하여 상표등록을 받아야 한다.

해외에의 상표등록출원을 하는 방법으로는 아래의 그림과 같이 통상의 개별국 출원절차와 마드리드 체제에 의한 국제출원절차로 나뉠 수 있다. 마드리드 의정서에 의한 해외 상표출원의 경우 국내에 기초가 되는 상표등록이나 상표출원이 반드시 있어야 한다. 비용이 절감되고, 절차도 간소화될 수 있는 장

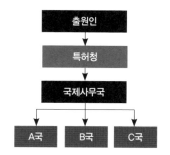

마드리드 의정서에 의한 출원절차

출원인 → 특허청 → 국제사무국 → A국 / B국 / C국

• 영어 불어 또는 스페인어로 출원서 작성
• 하나의 출원절차

[출처_특허청]

점이 있지만, 기초가 되는 상표등록이나 상표출원이 소멸시 마드리드 의정서에 의한 각국의 상표 또한 함께 소멸할 수 있으니 주의해야 한다.

통상의 출원절차에 의한 해외 상표출원의 경우 각국의 고유언어로 출원서가 작성되어야 하며, 각국별 절차에 의하여 진행되기 때문에 각국의 대리인이 필수적으로 요구된다. 마드리드 의정서에 비하면 비용이 증가되는 단점이 있지만, 개별국마다 대리인을 통하여 등록가능성을 판단하고 진입할 수 있는 장점이 있다.

[출처_특허청]

각국 특허청은 식별력에 대한 판단기준이나 선행상표가 국내와 달라 국내 특허청에 상표등록되었더라도, 해외 개별국에서 상표등록이 보장되는 것이 아니다. 따라서 국가마다 상표등록 가능성에 대하여 철저하게 조사한 다음 상표출원을 진행하는 것이 바람직하다.

국내 상표출원 후 6개월 이내에 국내 출원을 기본으로 우선권 주장을 하면서 해외에 출원시 출원일이 국내 상표출원일로 소급되는 이익을 누릴 수 있다. 물론 국내 상표출원 이후 6개월 이후에도 해외에 상표츨원을 할 수 있지만, 이때에는 출원일이 국내 상표출원일로 소급되는 효력을 누릴 수는 없다.

한편, 유럽의 각국은 유럽연합(EU)을 형성하여 하나의 상표등록절차로 유럽연합 회원 국가들에 상표권의 효력을 발휘할 수 있는 유럽공동체상표제도를 운영하고 있다. 따라서 유럽연합 회원국 전체를 지정하여 상표출원이 가능하다. 다만 출원인의 선택에 따라서 유럽연합 회원국 전체가 아닌 유럽연합 회원국 각국을 선택하여 통상의 상표등록절차를 밟을 수도 있다.

유럽연합 회원국 전체를 지정하여 상표 출원시 절차 및 비용에서 유리한 장점이 있지만, 유럽연합 회원국 중 하나의 국가에서라도 상표등록을 거절할 이유가 발생하는 경우 전체가 거절되는 문제점이 있으니 유럽연합 회원국 전체로 상표출원을 진행할지, 개별국을 선택하여 진입할지 신중히 결정해야 한다. 영국은 유럽연합에서 빠져 별도의 상표출원을 진행해야 한다.

• 갈라북스 · IDEA Storage 출간 도서

1 **중국 패권의 위협** 베이징에 고개 숙인 오바마
브렛 N. 데커, 윌리엄 C. 트리플렛 2세 공저/ 조연수 역/ 14,800원

2 **버핏의 프로포즈를 받은 여인** 워런 버핏이 선택한 여성 리더십
카렌 린더 저/ 김세진 역/ 15,000원

3 **무엇이 당신을 부자로 만드는가** 150년간 증명된 거부(巨富)들의 성공 비밀
라이너 지델만 저/서정아 역/ 14,000원

4 **세상의 이치를 터놓고 말하다** 괴짜 부자 '사이토 히토리'
사이토 히토리 저/이지현 역/ 13,500원

5 **뷰 마케팅** '이기는' 마케팅을 위한 새로운 패러다임
황부영, 변성수 공저/ 14,000원

6 **기획의 기술** 조직에서 인정받고 성공하기 위한 필살기
김희영 저/ 12,800원

7 **그대는 남자다** 이 시대 보통男에 대한 보통女의 특별한 관찰기
나상미 저/ 12,800원

8 **태클** 인생을 바꾸는 도전의 공식
김흥기 저/ 15,000원

9 **아이폰 어디까지 써봤니?**
아이폰 6/6 플러스 · iOS 8 완벽 분석 · 120% 활용 가이드
이상우 저/ 15,000원

10 **개구리 삶기의 진실** 아시아경제신문 인기 칼럼 '초동여담' 100선
박종인, 백우진, 이명재, 이상국, 이의철, 이정일, 전필수 공저/ 12,000원

11 **멘탈 트레이닝** 잠자기 전 15분, 100일 완성 '자기혁신'
김시현 저/ 11,000원

12 **1인 창업이 답이다** 나홀로 창업해 성공하기 위한 9가지 절대법칙
이선영 저/ 13,000원

13 **승자의 기획** 삼성전자 스마트폰 기획자의 '인정받는 업무 필살기'
김희영 저/ 13,000원

14 **아이폰 어디까지 써봤니? Ver. 2.0**
아이폰 6 · 6s / iOS 8 · 9 완벽 분석 · 120% 활용 가이드
이상우 저/ 15,000원

15 **레인메이커** '진정성'있는 브랜딩, '구라'없는 마케팅 이야기
황부영 저/ 15,000원

16 **성장하는 엄마 꿈이 있는 여자** 스마트하게 일하는 엄마들을 위한 자기계발서
김미경 저/ 12,000원

17 **사표 쓰고 지구 한 바퀴** 평범한 직장인의 이유있는 '일탈', 흥미진진 여행 다큐
김문관 저/ 15,000원

18 **하루 3분 골프 레슨** 셀프 스윙 꿀팁 50
이종달 저/ 9,000원

19 **멘탈 트레이닝 Plus** 잠자기 전 15분, 100일 완성 '자기혁신'
김시현 저/ 12,000원

20 **부자의 관점** '빛나는 삶'을 위해 부자가 세상을 보는 1% 차이
사이토 히토리 저/ 이지현 역/ 13,000원

21 **미래수업** '오늘이 될 미래' 무엇을 배우고 어떤 일을 해야 할까
박홍주 저/ 15,000원

22 **큐우슈우 역사기행** 잊어서는 안될 아픔의 현장을 찾아서
정재환 저/ 16,000원

23 **당신이 지금 창업을 해야 하는 이유** 부자가 되고 싶은
이선영 저/ 12,500원

24 **3쿠션 알짜 꿀팁** 초짜도 바로 300 당구
오경근, 김희연 저/ 12,000원

25 **금융투자 완전정복** 아는 만큼 돈을 버는
최철식 저/ 15,000원

26 **거절에 대처하는 영업자의 대화법** 1등 영업고수의 영업비법
권태호 저/ 15,000원

27 **공무원 기획력** '지방분권시대'를 이끌 인재를 위한 자기계발서
심제천 저/ 15,000원

28 **엄마가 필요해** 사춘기 엄마 에세이
은수 저/ 13,000원

29 **마케터의 생각법** 당신은 레인메이커인가?
황부영 저/ 15,000원

30 **창업력** 한국형 창업 구루 70인의 비즈니스 지혜
문성철 저/ 13,000원

31 **나의 주식투자생존기** 주식 투자 10년간 '천국'과 '지옥'을 오간 썰!!
김근형 저/ 13,000원

32 **좋은 운을 부르는 방법** 내 인생 술~ 술~ 풀리게
난경 저/ 13,800원

33 **5G와 AI가 만들 새로운 세상** 50가지 흥미로운 이야기
이준호, 박지웅 저/ 13,500원

34 **땅 짚고 소액 경매** 부동산 경매 1도 모르는 생초보, 공식대로만 하라
박태왕 저/ 15,000원

35 **기획자의 생각법** 당신은 '만렙' 기획자인가?
김희영 저/ 12,500원

36 **3쿠션 알짜 꿀팁 Section+** 초짜도 바로 300 당구
오경근, 김희연 저/ 13,500원

37 **거절에 대처하는 영업자의 대화법 SE.** YES를 이끌어내는 영업의 기술
권태호 저/ 13,000원

38 **슬곰이네 강아지 식탁** 우리 반려견과 함께 행복한 강아지 수제 요리 레시피 51
김슬기 저/ 14,800원

39 **왕초보 부동산 중개 그냥 따라하기** 축! 공인중개사 합격!! 그 다음은 어떻게
김철수 저/ 14,500원

40 **한 뼘 고전** 상식 한 뼘! 교양 한 뼘! 한자숙어 · 고사성어 이야기
배기홍 저/ 15,000원

41 **오늘도 클래식 1** 1일 1클 · 추천 음반과 함께 하는 클래식 일지
김문관 저/ 16,000원

42 **오늘도 클래식 2** 1일 1클 · 추천 음반과 함께 하는 클래식 일지
김문관 저/ 16,000원

43 **집 살까요? 팔까요?** 안경테 박사의 부동산 컨설팅 노트
전인수 저/ 13,800원

44 **금융투자 완전정복 2.0** 아는 만큼 부자 되는
최철식 저/ 16,000원

45 **한 뼘 골프** 하루 3분 골프 레슨
이종달 저/ 11,500원

46 **초보도 쉬운 부동산 소액 경매** 누구나 쉽게 따라할 수 있는
박태왕 저/ 15,000원

47 **아빠가 위험해** '보이스피싱' 덫에 걸린
김오현 저/ 13,800원

48 **정변의 역사** 시대를 뒤흔든 20가지 결정적 장면들
최경식 저/ 13,800원

49 **넥스트팡** Looking For Next FAANG
김창훈 저/ 15,000원

50 **한 줄 속담의 여유** 지혜 상식 경험 해학이 담긴
배기홍 저/ 15,000원

51 **디지털 경제를 쉽게 읽는 책** IT 필수 지식 · 핫 키워드 33
김효정 저/ 13,800원

52 **멘탈트레이닝(RE.)** 잠자기 전 15분, 긍정 에너지 셀프 충전법
김시현 저/ 14,000원

53 **기획자의 생각법(RE.)** 당신은 '만렙' 기획자인가?
김희영 저/ 13,500원

54 **리얼 ESG** 이것이 실제 ESG다!
이준호 · 강세원 · 김용진 저/ 16,000원

55 **통계로 보는 세상** 트렌드 키워드101
김창훈 저/ 14,000원

56 **숙청의 역사 : 한국사편** '권력의 정점'을 위한 쟁투의 기록
최경식 저/ 13,800원

57 **반도체 경제를 쉽게 읽는 책** 반도체 필수 지식 '일타강의'
김희영 저/ 16,700원

58 **배민 기획자의 일** 배달의민족 기획서에는 못쓴 이야기
엄유진 외 7명 공저/ 15,000원

59 **마케터의 생각법(RE.)** 당신은 '레인메이커'인가?
황부영 저/ 17,000원

60 **브랜드 이슈를 쉽게 읽는 책** 생활 속 '상표' 이야기
공우상 저/ 16,700원